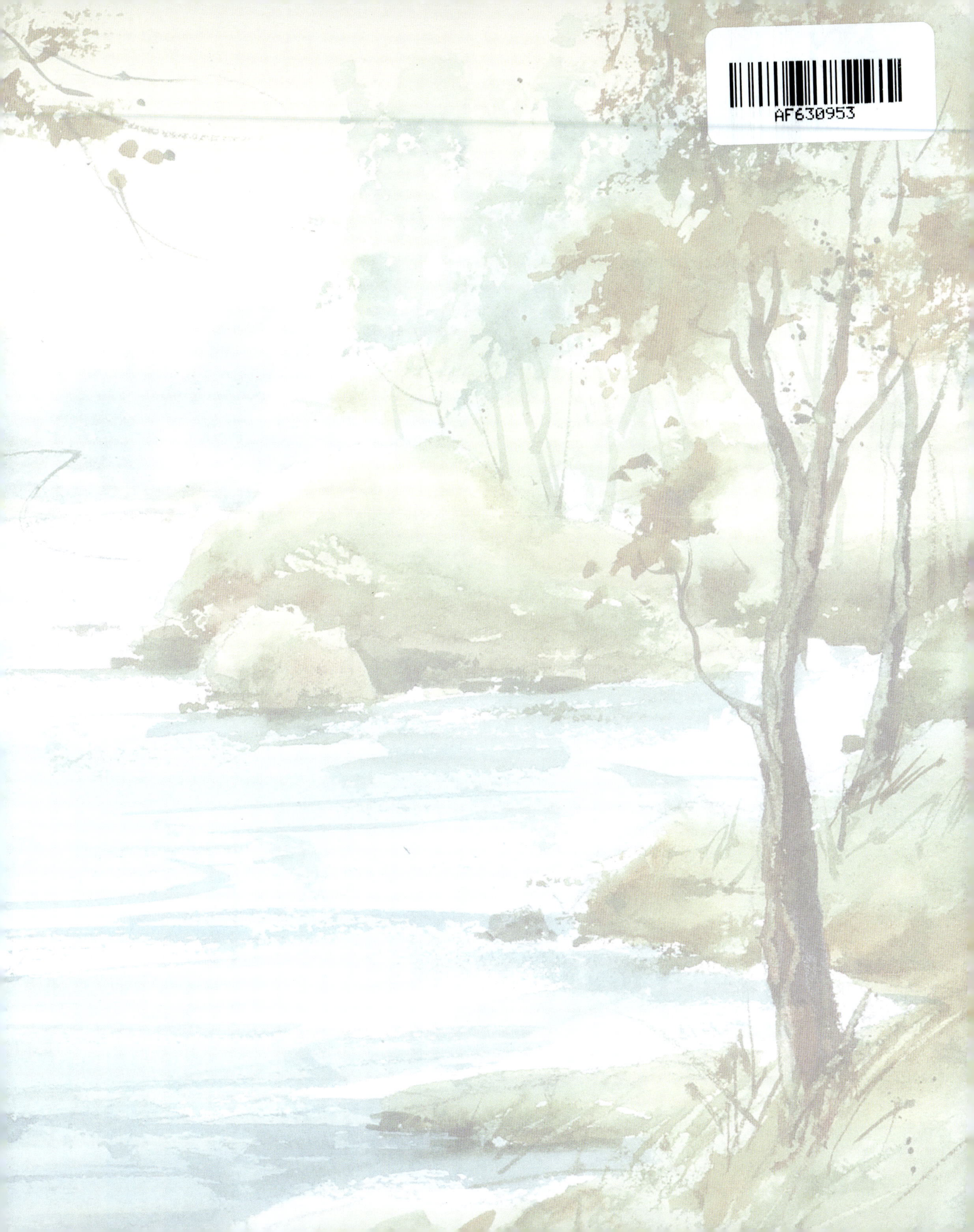

Mein Atelier

Kristina Jurick

AQUARELLMALEREI Landschaften mit Menschen

Eindrucksvolle Bilder
Step by Step malen

Praktisches Grundlagenwissen für Anfänger & Fortgeschrittene

CV

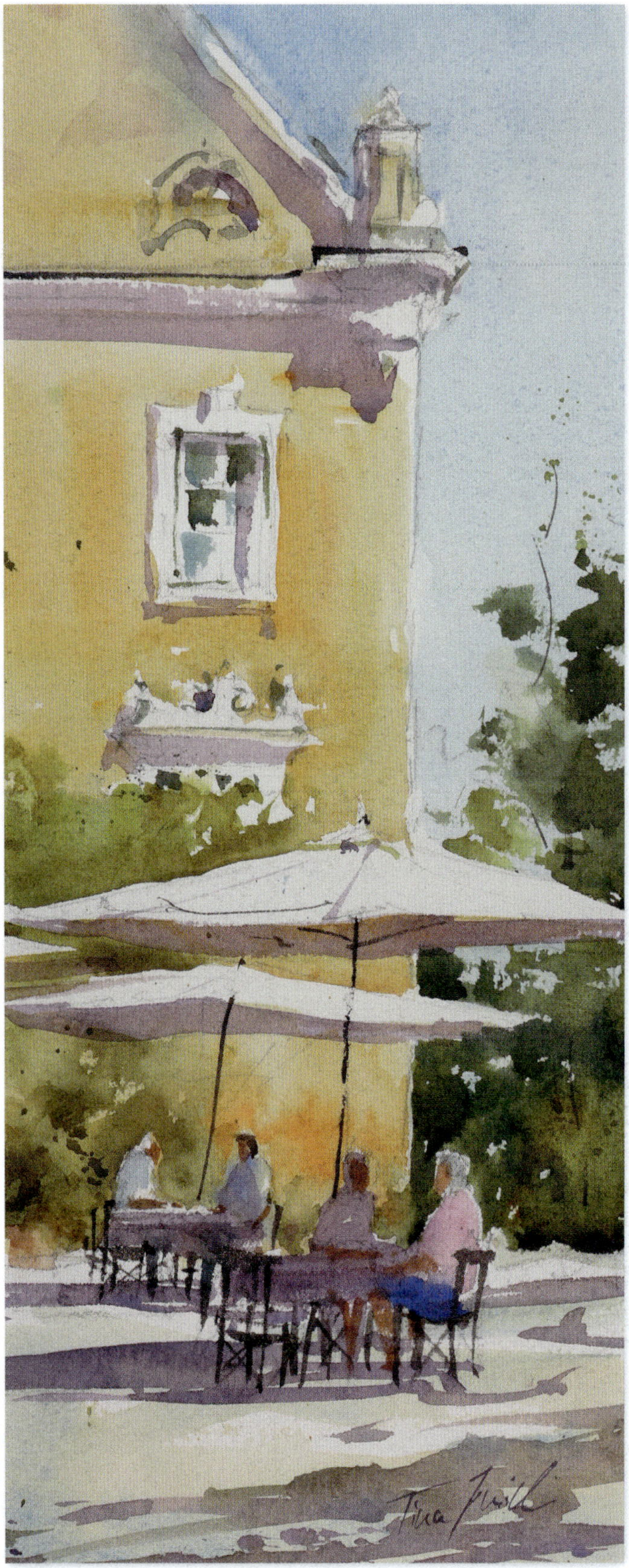

Inhaltsverzeichnis

Vorwort

Figuren in ein Bild einzufügen, ist gar nicht so schwer, man muss nur wissen, wie. Viele Künstler scheuen zunächst davor zurück, und auch ich habe es lange Zeit vermieden, Menschen in ein Bild zu malen, aus Angst es zu ruinieren. Bis ich 1998 in den USA an einem Workshop von Tony Van Hasselt (+ Januar 2022) teilnahm. Tony war nicht nur ein großartiger Lehrer, sondern auch ein wundervoller, geduldiger Mensch. Er ist der Vater der „Buchstaben-Menschen", der UWOs. Mit diesen einfachen Buchstaben-Symbolen hat er uns gelehrt, unsere Aquarelle zu beleben, mit ihnen Geschichten zu erzählen und sie dadurch meist zu verbessern.

Nach Tonys Workshop haben immer mehr Figuren ihren Weg in meine Kompositionen gefunden. Anfangs waren die Köpfe noch etwas zu groß und die Beine zu kurz, aber je mehr ich sie malte, desto lockerer wurden sie. Manche mögen keine Menschen im Bild, auch bei mir war es früher so. Ich wartete immer, bis alle weg waren, bevor ich ein Foto einer besonders schönen Szene machte. Heute warte ich manchmal sogar, bis jemand in mein Foto läuft.

Doch es geht nicht darum, ein Foto mit Menschen genau zu kopieren. Die UWOs sind Symbole, und ähnlich wie mit den Buchstaben unseres Alphabetes kann man mit ihrer Hilfe kommunizieren. Wie bei allen Dingen, die man neu entdeckt, braucht es hier Übung, die Buchstaben so anzuwenden, dass sie vom Betrachter gut zu lesen sind. Ich erinnere mich, dass wir in der Schule seitenweise As, Bs, Cs. usw. geübt haben, bevor es daran ging, ganze Wörter, Sätze oder sogar eine Geschichte zu schreiben. Schließlich entstand unsere ganz persönliche, unverwechselbare Handschrift; und auch unsere Buchstaben-Menschen erhalten schnell ihren ganz eigenen Charakter.

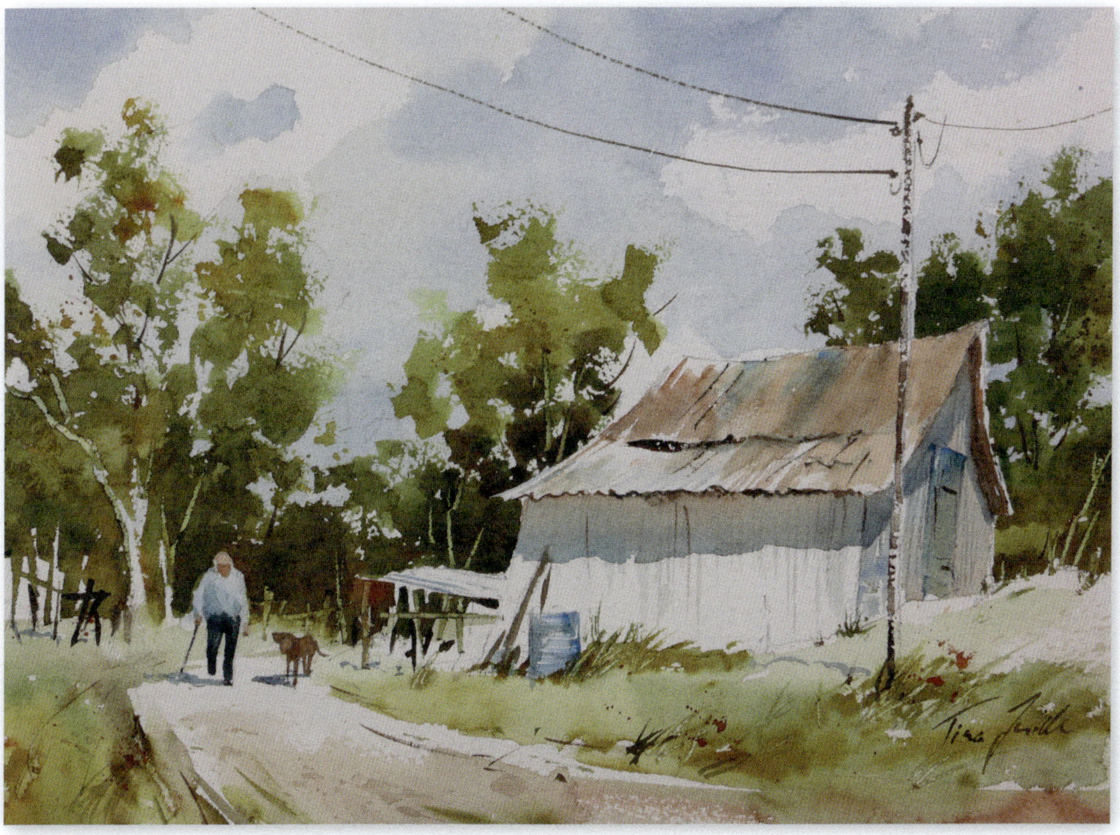

Das Material

Wie bei so vielem ist auch für die Aquarellmalerei das richtige Material ein entscheidender Faktor.
Beim **Aquarellpapier** unterscheidet man im Wesentlichen zwei große Gruppen: oberflächenverleimtes Papier und Papier, das zu 100 % aus Hadern, also textilen Fasern, besteht. Bei oberflächenverleimtem Papier bleibt die Farbe auf der Oberfläche stehen und zieht kaum ein. Deshalb lässt sie sich zwar leichter auswaschen, man kann aber nur schwer Lasuren übereinanderlegen, ohne dass die Farbe schmutzig wird, da sich die Schichten wieder anlösen und verwaschen. Diese Papiere sind preisgünstiger, aber besonders für Anfänger auch schwieriger zu handhaben.
Ich persönlich benutze am liebsten Arches-Papier 300g/m² in Bögen. Gute Hadernpapiere aus 100 % Baumwollfasern sind außerdem FABRIANO® „Artistico“ oder Saunders Waterford®. Die angegebene Grammzahl pro Quadratmeter beschreibt die Stärke des Papiers. Ich empfehle, ein Papier von wenigstens 300 g/m² zu verwenden.
Aquarellpapiere gibt es mit den Oberflächentexturen Feinkorn, Grobkorn und Satiné. Ich benutze am liebsten Feinkorn- und Grobkorn-Papiere, aber hier sollte jeder selbst ausprobieren, welche Textur am besten zum eigenen Malstil und zum Motiv passt.
Aquarellblöcke werden in vielen unterschiedlichen Größen angeboten. Bogenware ist allerdings günstiger und kann in der gewünschten Größe zugeschnitten werden. In diesem Fall sollte man die Bögen mit Malerkrepp auf eine beschichtete Spanplatte kleben, damit sich das Papier beim Malen nicht zu sehr wellt.

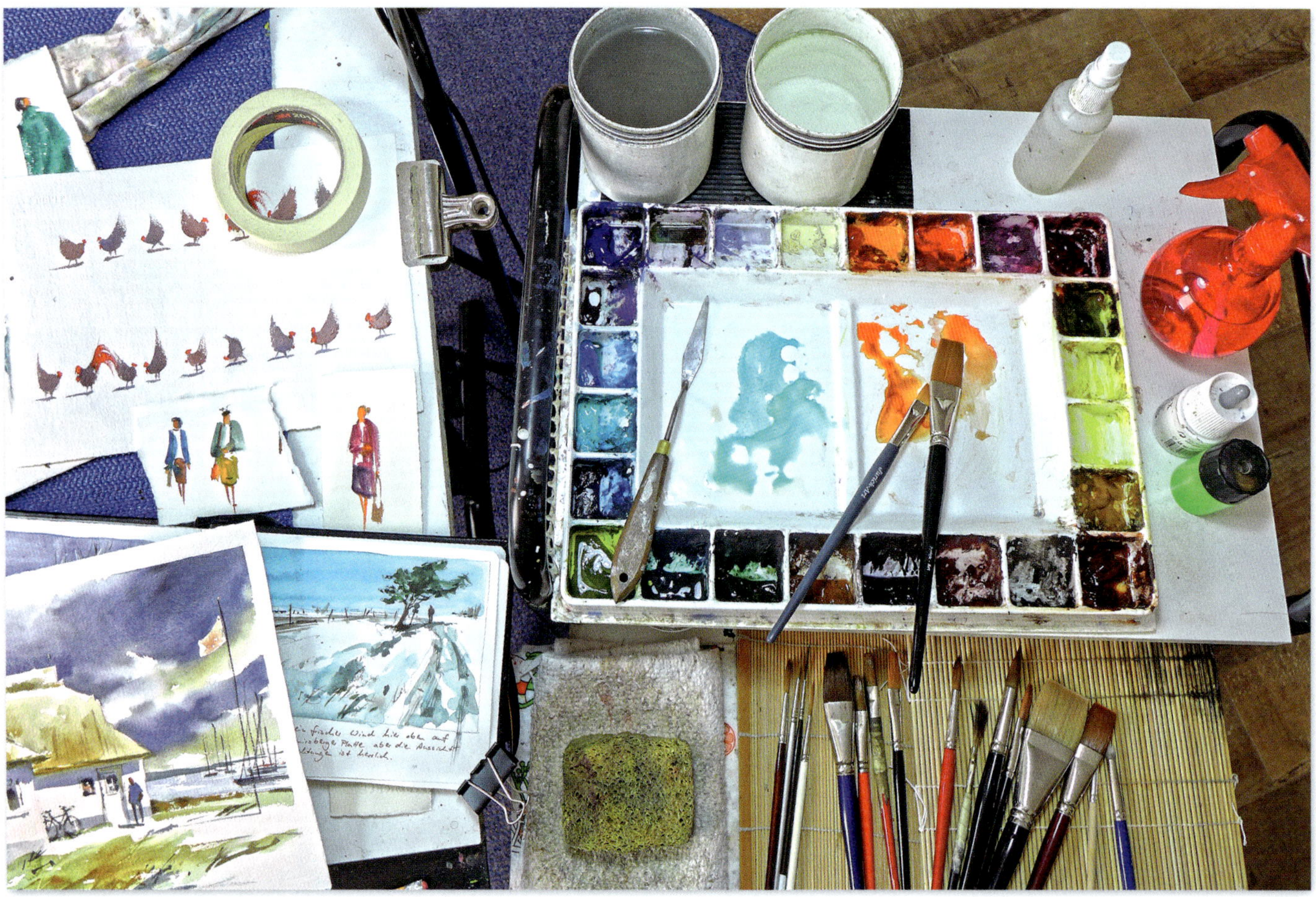

Auch bei den **Pinseln** gibt es im Prinzip zwei Sorten: Rundpinsel und Flachpinsel. Generell kann man nicht sagen, welche besser sind. Der Maler selbst muss herausfinden, welche ihm besser zusagen und mit welchen er das gewünschte Ergebnis erzielen kann. Wichtig ist, dass Aquarellpinsel genügend Wasser und Pigment halten können. Das hängt von der Form und der Beschaffenheit der Pinselhaare ab. Naturhaare halten meist mehr Wasser, aber mittlerweile gibt es auch gute Kunstfasern, die es mit Rotmarder- und Eichhörnchenhaaren aufnehmen können. Ich selbst bevorzuge Flachpinsel mit hochwertigen Synthetikfasern. Mit ihnen kann man je nach Pinselhaltung mit der flachen Seite, der Längsseite und der Ecke malen.

Meine Pinsel und meine Farben

- ❶–❹ Flachpinsel Jurick-Art 1,5“ (3,81 cm), 1“ (2,54 cm), ½“ (1,27 cm) und ¼“ (0,64 cm)
- ❺ Schlepperpinsel, auch Linierer genannt, Nr.8
- ❻ Rotmarder-Rundpinsel Nr. 10
- ❼ Malspachtel Nr. 013
- ❽ alter Rundpinsel zum Spritzen
- ❾–⓫ Borstenpinsel (hart) und alter Flachpinsel (weich) zum „Auswaschen“

Meine Farbpalette:

- Kadmiumgelb
- Lasurorange
- Kadmiumorange
- Siena natur
- Siena gebrannt
- Caput Mortuum
- Kadmiumrot
- Alizarin-Karmesin
- Phthalogrün
- Französisch Ultramarin
- Coelinblau (z.B. von Windsor & Newton oder Sennelier; ähnlich Kobaltcoelin von Schmincke)
- Preußischblau
- Kobalttürkis
- Neutraltinte
- Titanweiß
- Lavendel
- Jaune brillant

Zum Anmischen der Farben hat sich eine weiße **Mischpalette** mit großen Farbmulden bewährt. Die Mulden kannst du mit Tubenfarben befüllen und zur gewünschten Konsistenz anmischen.
Außerdem solltest du zwei **Wasserbehälter** bereitstellen, einen zum Auswaschen der Pinsel und einen mit sauberem Wasser. Ein **Cellulose-Schwämmchen** ist praktisch, um überschüssiges Wasser aufzunehmen. Papiertaschentücher (ohne Weichmacher!) und eine Sprühflasche leisten ebenfalls gute Dienste. Wenn du Rechtshänder bist, sollte all das rechts von dir stehen, für den kürzesten Weg von der Palette aufs Blatt. Für Linkshänder gilt das natürlich umgekehrt.

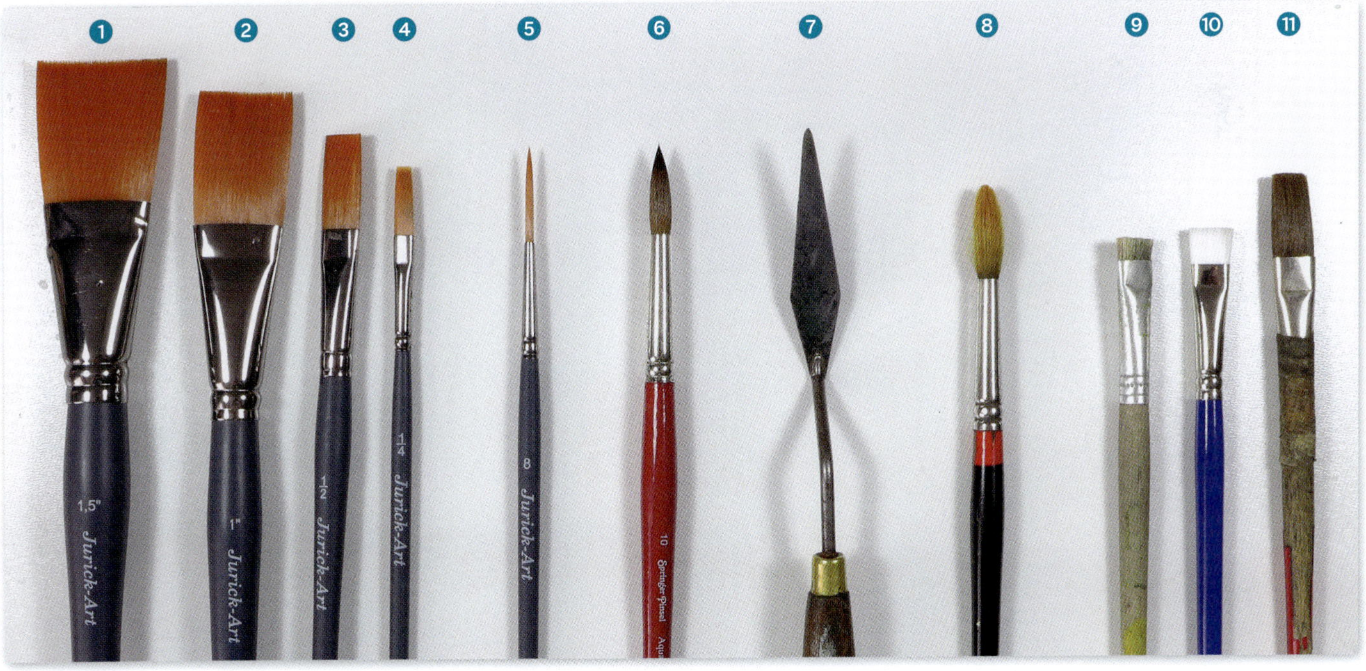

Das Papier in deinem **Block für die Tonwertskizzen** sollte mindestens 100 g/m² haben. Zeichne mit einem **Bleistift 2B** vor, und nimm für die Schattierungen einen weichen **Grafitstift 9B**. Mit einem **Bleistift HB** oder **2B** kannst du die Zeichnung dann auf das Aquarellpapier übertragen. Vorsicht: Zu weiche Stifte schmieren, zu harte kratzen auf dem Papier. Ein weicher, knetbarer und ein fester **Radiergummi** sollte nicht fehlen.

Menschen im Aquarell - die Grundlagen

Grundformen: Die Buchstaben-Menschen

Wie bei vielen Dingen, die man sich zeichnerisch erschließen möchte, sind auch bei Menschen und Figuren Grundformen sehr hilfreich. Solche Grundformen fungieren sozusagen als Baukasten, aus dem man verschiedene Gestalten zusammensetzen kann. Bei skizzenhaft dargestellten Menschen haben sich die Buchstaben-Menschen, die sogenannten UWOs, bewährt. Ihre Anwendung ist sehr einfach: Beginne mit einem umgedrehten U für den Oberkörper, setze ein langgezogenes W für die Beine darunter und oben auf das umgedrehte U ein O für den Kopf.

STEHENDE UWOS

Je nachdem, wie du die drei Buchstaben ausführst, kannst du auch das Aussehen deiner Figuren variieren. Achte generell darauf, dass die Arme nicht wirken, als seien sie am Hals angewachsen, sondern zeichne sie mit etwas Abstand zum Kopf. Hängen die Arme locker am Körper, befinden sich die Hände auf Höhe der Oberschenkel. Ist die Figur etwas größer, kann man von der Seite den Daumen (etwas kürzer) und die restlichen Finger (etwas länger) sehen (b). Wenn du Füße zeichnen möchtest, genügt es, sie durch ein kleines Dreieck darzustellen (c). Im Aquarell malt man sie meist gar nicht oder wenn, dann nur mit einem kleinen Klecks Farbe.

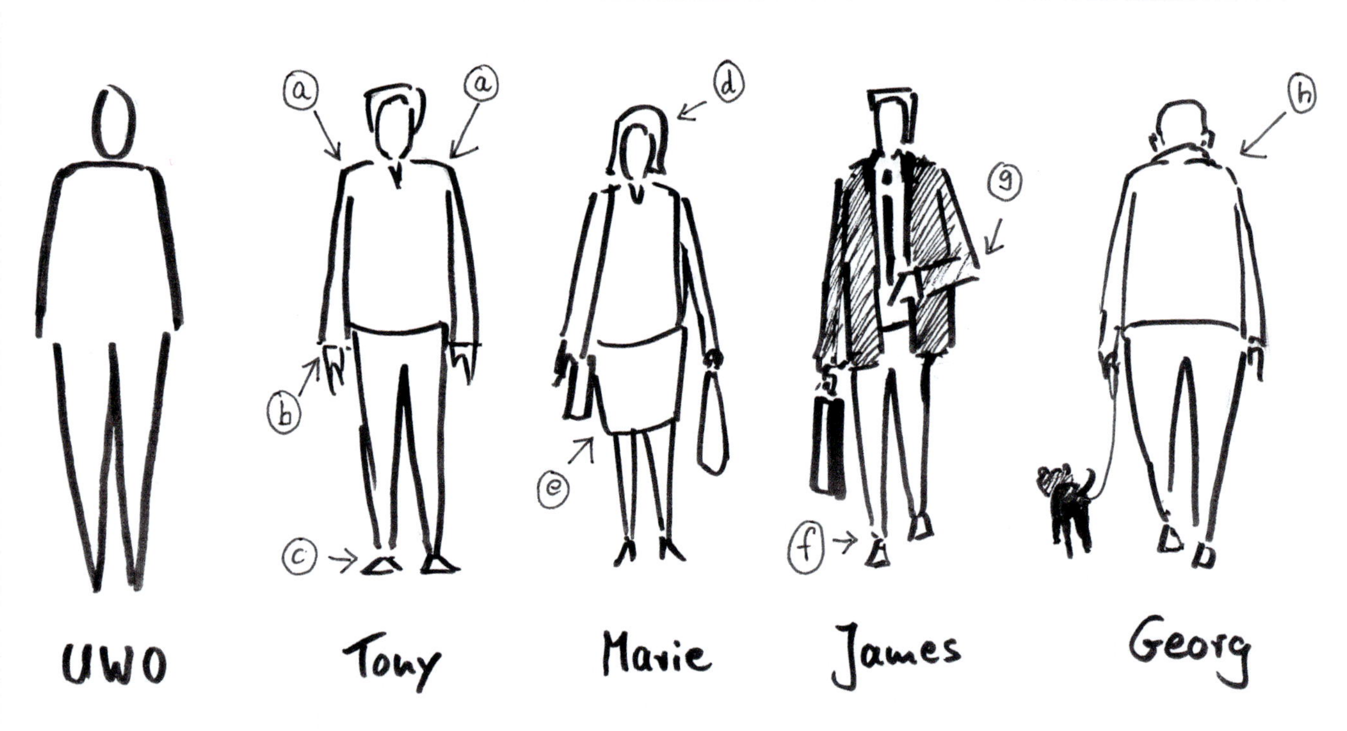

Bei **Tony** (a) ist das U oben etwas eckiger. Dadurch erhältst du schon den Armansatz. Das U darf etwas breiter sein als das W.

Marie hat eine einfache Frisur, die bereits Weiblichkeit ausdrückt (d). Die Hälfte des Ws verschwindet unter ihrem Rock. Die Rocklänge kannst du dementsprechend variieren (e). Sollte eine Hand mal nicht so gelingen, hänge eine Tasche oder Tüte daran.

James macht einen Schritt nach vorn. Das kannst du einfach dadurch darstellen, dass das W eine kurze und eine längere Seite hat (f). Beugt sich ein Arm, befindet sich der Ellenbogen in der Mitte. Das heißt, Oberarm und Unterarm sind jeweils gleich lang (g).

Georg geht vom Betrachter weg, das O verschwindet zum Teil hinter dem U. Um diese Illusion zu verstärken, kannst du den Kragen etwas höher ziehen, und je nach Frisur sieht man eventuell die Ohren (h).

Paul steht in einfacher Seitenansicht. Das U wird schmäler (b) (es sei denn die Figur hat einen umfangreichen Bauch). Das O wandert etwas nach vorn, und das W reduziert sich zu einem V, da man häufig das hintere Bein kaum sieht. Hier in der Skizze ist der rechte Fuß leicht hinter dem linken zu sehen, befindet sich also in der Bildfläche etwas höher (a).

Mike ist in der 1/3-2/3-Ansicht zu sehen und macht einen Schritt. Von der linken Schulter ist mehr zu sehen als von der rechten (c). Der rechte Fuß ist weiter hinten (a) und das Knie dabei angewinkelt (d). Wie der Ellenbogen beim Arm befindet sich auch das Knie in der Mitte des Beins. Ober- und Unterschenkel sind annähernd gleich lang.

Tom geht wandern, und dafür kommt ein neuer Buchstabe ins Spiel: das X. Das hintere Bein muss in der Bildfläche wieder etwas höher gesetzt werden (a). Der Kopf sitzt etwas nach vorn versetzt zum umgedrehten U (b).

Bei **Ali** ist das vordere, linke Bein auf halber Höhe angewinkelt (d), das hintere, rechte tritt wieder etwas zurück (a). Der Oberkörper ist in einfacher Seitenansicht mit einem schmalen U dargestellt.

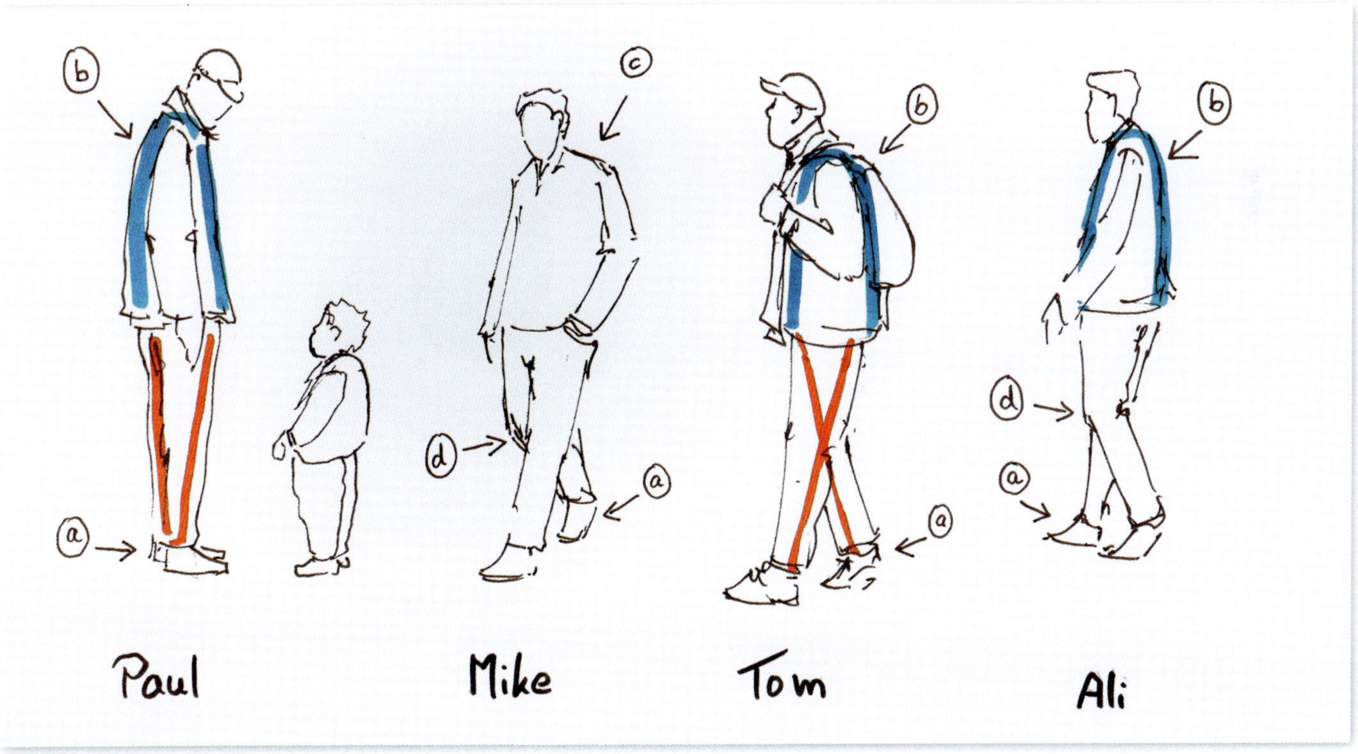

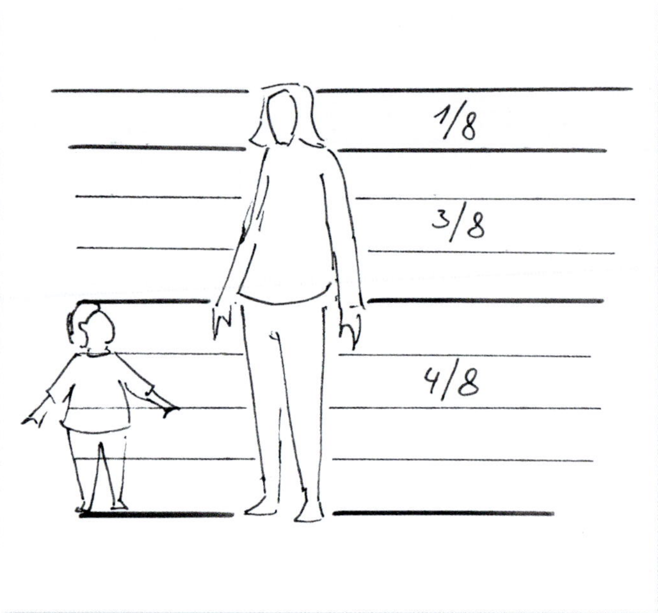

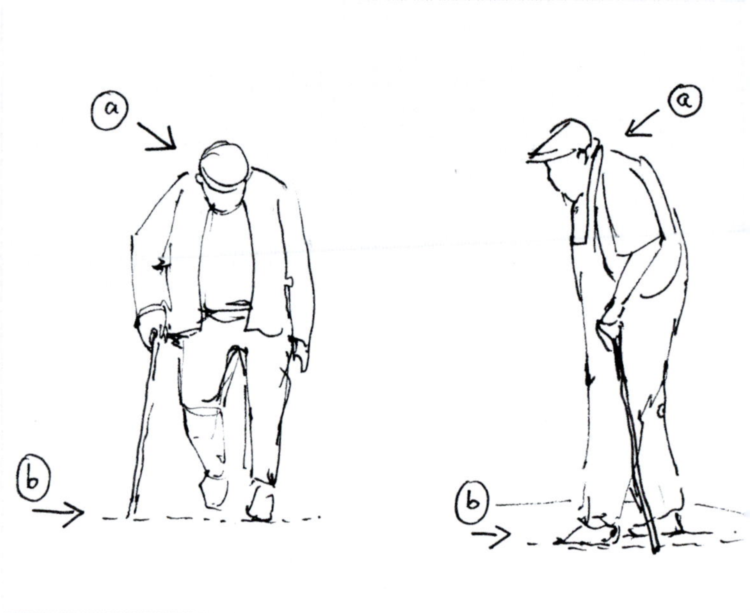

Körper-Proportionen

Die Körpergröße eines Erwachsenen entspricht in der Regel etwa achtmal der Länge des Kopfes. Die Körperlänge teilt sich so auf: ⅛ entspricht dem Kopf, ⅜ nehmen der Oberkörper und 4/8 die Beine ein. Die Hüfte befindet sich also etwa in der Mitte. Die Figuren wirken am besten, wenn man die Köpfe nicht zu groß und die Beine nicht zu kurz zeichnet.

Natürlich sehen wir nicht alle gleich aus, es gibt kleine und große, dicke und dünne Menschen – da verschieben sich diese Proportionen schon einmal geringfügig. Dennoch ist es gut, diese grobe Unterteilung im Hinterkopf zu haben.

Jung oder alt?

Je nach Lebensalter verändern sich die Proportionen. Kleine Kinder haben im Vergleich zu Erwachsenen größere Köpfe und kürzere Beinchen.

Ältere Menschen nehmen oft eine gebückte Haltung ein. Dabei rutscht in der Vorderansicht das O zum Teil vor das U (a), bzw. in der Rückansicht dahinter.

In der Seitenansicht verschmelzen U und O zu einer Form. Benutzt die Person einen Stock, sollte dieser neben den Füßen auf dem Boden enden und nicht zu lang oder zu kurz gemalt werden (b).

Der Denkprozess ist wichtiger als der Malprozess. Es ist der interessanteste Bereich, in dem du als Künstler wachsen kannst, aber leider auch der am meisten vernachlässigte.

Robert Genn

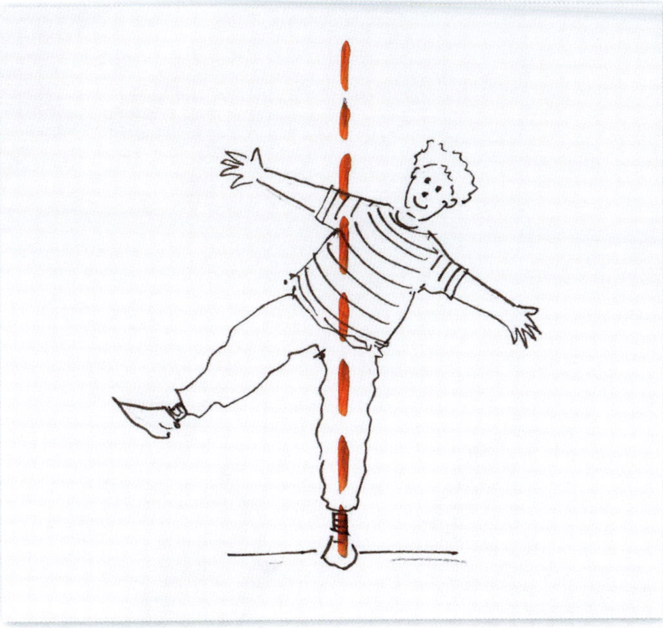

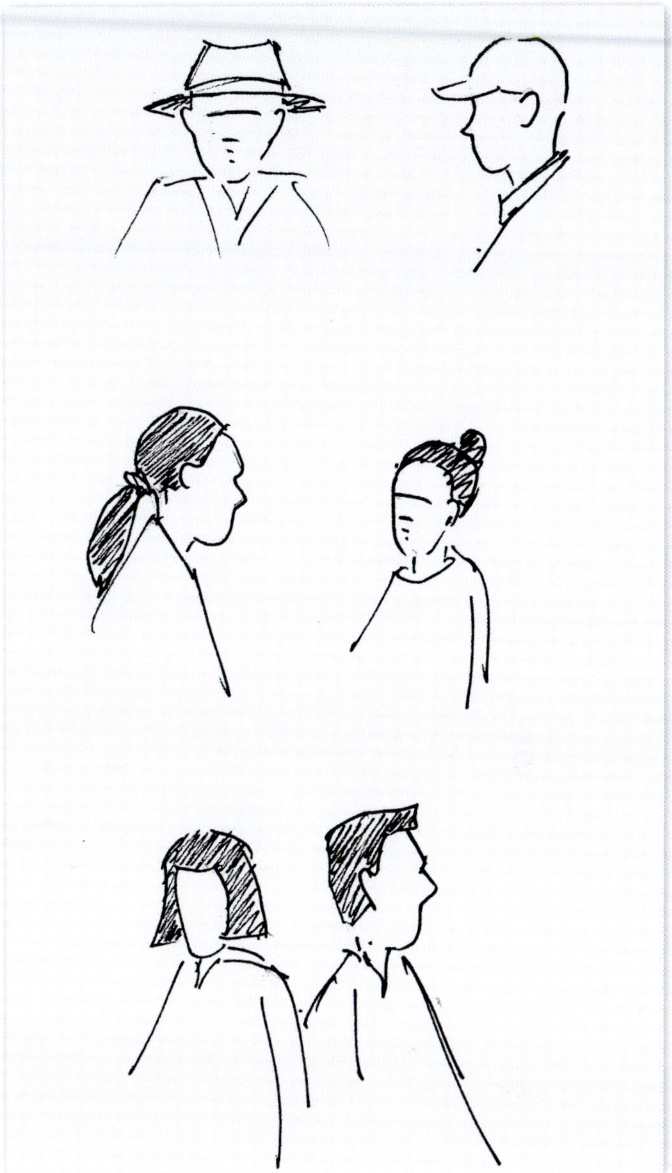

Unterschiedliche Haltungen

Die dargestellten Figuren sind am gängigsten, aber die verschiedenen Buchstaben lassen viel Raum zum Spielen und Experimentieren. Wenn du unterschiedliche Haltungen ausprobierst, denke daran, dass die Figur in ihrer Mittelachse stabil sein muss, damit sie nicht den Eindruck erweckt, gleich umzufallen. Sollte es nicht ganz gelingen, braucht dein UWO vielleicht einen Stock oder einen Bartisch an der Seite, um optisch das Gleichgewicht zu halten.

Frisuren, Kopfbedeckungen und das Gesicht

Hüte und Mützen sollten über den oberen Teil des Os gezogen werden, damit sie nicht herunterfallen. Ist eine Person im Vordergrund einmal größer dargestellt, verwende ich ein paar Striche, um die Augen, die Unterkante der Nase, die Ober- und die Unterlippe anzudeuten. Alles andere würde hier über die skizzenhafte Darstellung hinausgehen und schon ins Porträtmalen gehen. Im Profil zeichnet sich die Nase etwas ab, ansonsten bleiben die Formen sehr reduziert. Mit einfachen Frisuren kann man die Blickrichtung der Figur bestimmen und eventuell ein Ohr andeuten.

SITZENDE UWOS MIT H, V, X UND A

Die Buchstaben-Menschen bestehen aber nicht nur aus Us, Ws und Os. Die Buchstaben H, V, X und A sind nämlich eine gute Hilfe, um die Formen von Menschen in sitzenden Positionen zu erfassen. Auch, wenn ich z.B. in Cafés die Menschen zeichne, und sie das Café verlassen, bevor ich fertig bin, sind diese Buchstaben sehr hilfreich, um die Figur nachträglich zu vervollständigen.

Die Buchstaben können in der Breite variieren, jedoch nicht in der Höhe, da sie die Länge des Schienbeins vorgeben. Am einfachsten gelingt ein sitzender UWO, wenn du die Buchstaben für Unter- und Oberkörper leicht versetzt. Es könnte sonst passieren, dass die Figur wie ein stehender UWO mit zu kurzen Beinen aussieht. Achte darauf, der Hüfte genug Raum zu geben.
Wenn ich in der Folge von links und rechts spreche, meine ich damit deinen Blick auf die Figur.

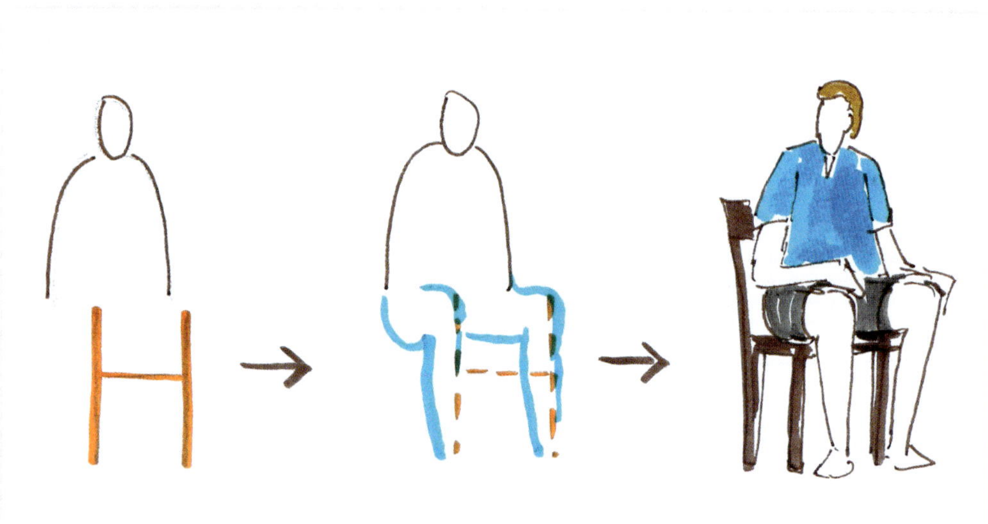

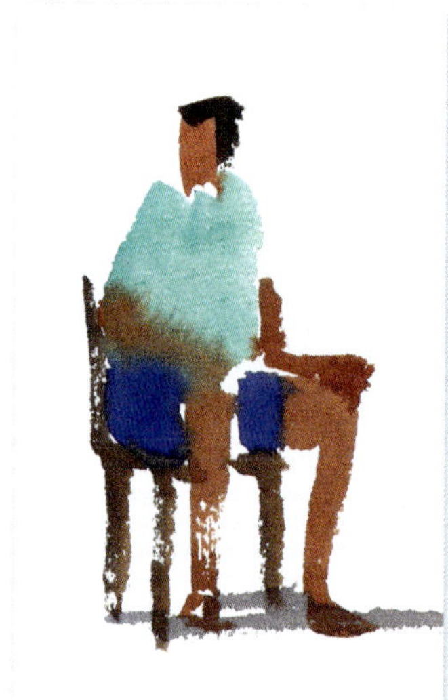

Sitzende Figur mit breit gestellten Beinen

Zeichne zuerst die linke Pobacke und ziehe diese hinunter in die Wade. Es folgt der rechte Oberschenkel, der ebenfalls in die Wade läuft. Dann werden oben die beiden Kniekurven angesetzt, die in die Schienbeine laufen. Die Knie befinden sich dabei auf der Höhe der Hüfte. Und nein, wir haben keinen Stab zwischen den Knien, das H dient nur zur Hilfestellung. Die linke Pobacke befindet sich auf dergleichen Höhe wie die rechte. Hier sieht man mehr vom rechten, weniger vom linken Oberschenkel der Figur.

Trotzdem, niemand sieht wirklich eine Blume. Sie ist so klein. Wir haben die Zeit nicht, und Sehen braucht Zeit.

Georgia O'Keeffe

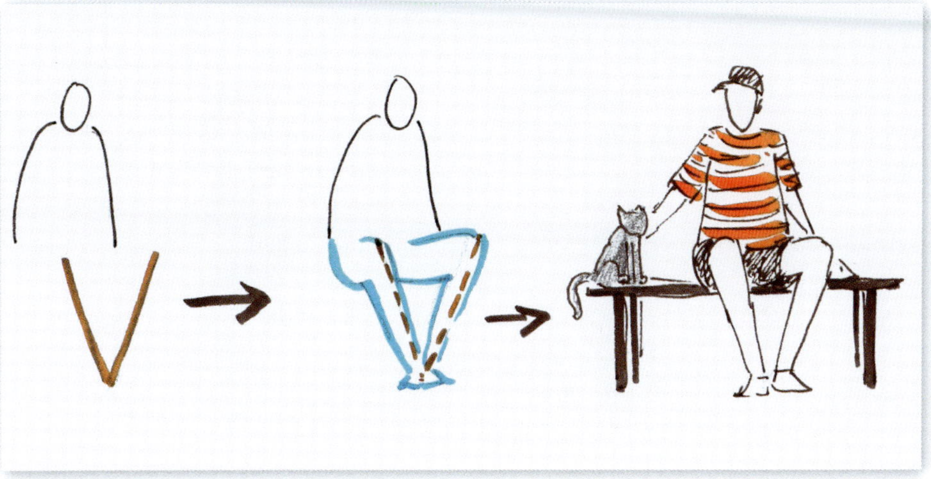

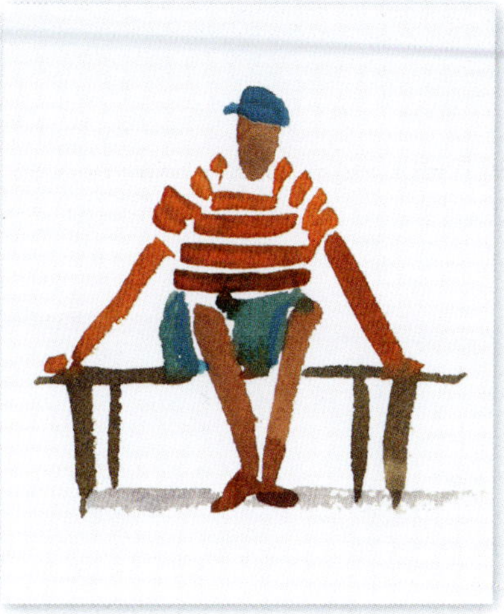

Sitzende Figur mit v-förmig gestellten Beinen

Wieder wird der Buchstabe für die Beine versetzt zum U angelegt. Das V führt die Füße unten zusammen. Wie auch beim H sieht man hier mehr von einem Oberschenkel und weniger vom anderen. Erst Pobacke und Wade, dann Oberschenkel und Wade und darüber die beiden Knie mit dem Strich für die Schienbeine. Probiere es auch in die andere Richtung aus, indem du das V auf die linke Seite setzt. Kleine Dreiecke deuten die Füße an. Die kurze Hose macht einen Bogen um den Oberschenkel und betont dessen Rundung.

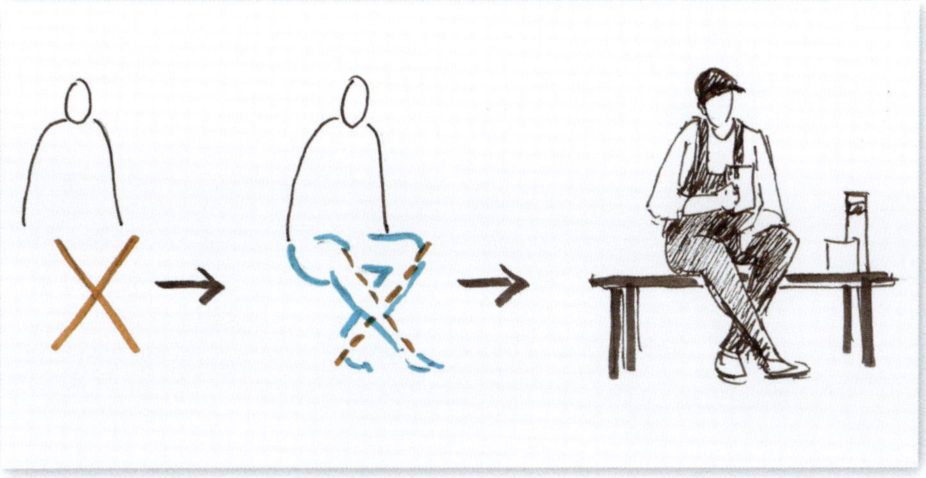

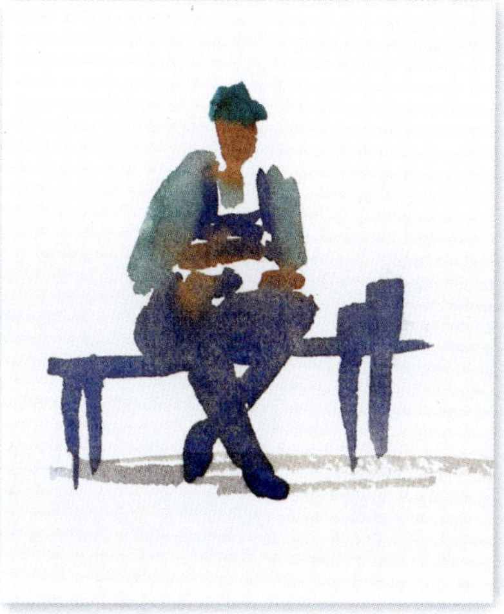

Sitzende Figur mit gekreuzten Knöcheln

Idealerweise solltest du das X zum U etwas versetzen. Beginne bei der linken Pobacke und ziehe die Wade schräg nach rechts. Bleibe bei diesem Bein, setze das Knie darüber und ziehe es ins Schienbein. Nun male ein Stückchen des rechten Oberschenkels und ein Stückchen der rechten Wade, die hinter der linken Wade verschwindet und dann wieder zum Vorschein kommt. Die Oberseite des rechten Oberschenkels führt zum Knie, und auch hier wird das Schienbein vom vorderen Fuß unterbrochen. Deute die Füße an und sei kreativ bei der Gestaltung des Oberkörpers.

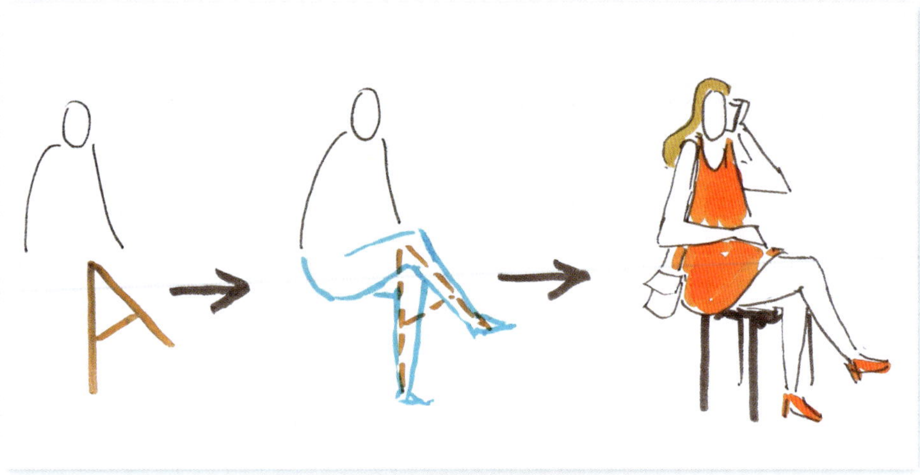

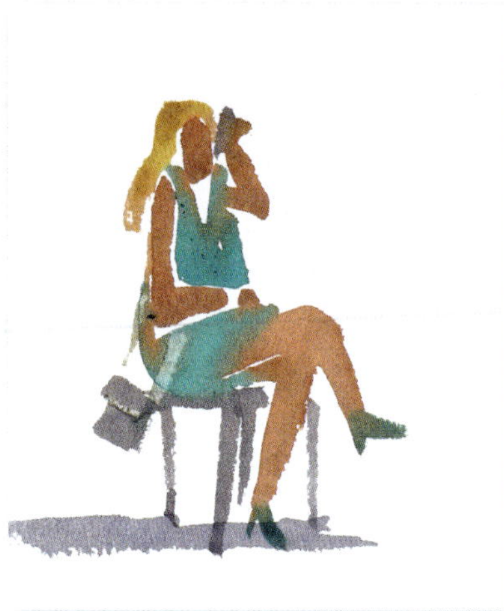

Sitzende Figur mit übereinander geschlagenen Beinen

Der Buchstabe A ist etwas kniffelig und deutet übereinander gelegte Beine an. Das A wird dabei gekippt und wieder versetzt zum U angesetzt. Die linke Pobacke macht einen langen Schwung über das auf dem Boden stehende Bein, läuft dann in die Wade und endet in der Luft, etwas über dem Boden. Die obere Linie des linken Beins bildet die Stärke des Oberschenkels, läuft übers Knie und das Schienbein hinab zum Fuß. Vom hinteren, rechten Oberschenkel sieht man nur wenig, und das Knie verschwindet mal mehr, mal weniger unter dem anderen Knie. Zu sehen sind Wade und Schienbein des rechten Beins, und der Fuß steht auf dem Boden.

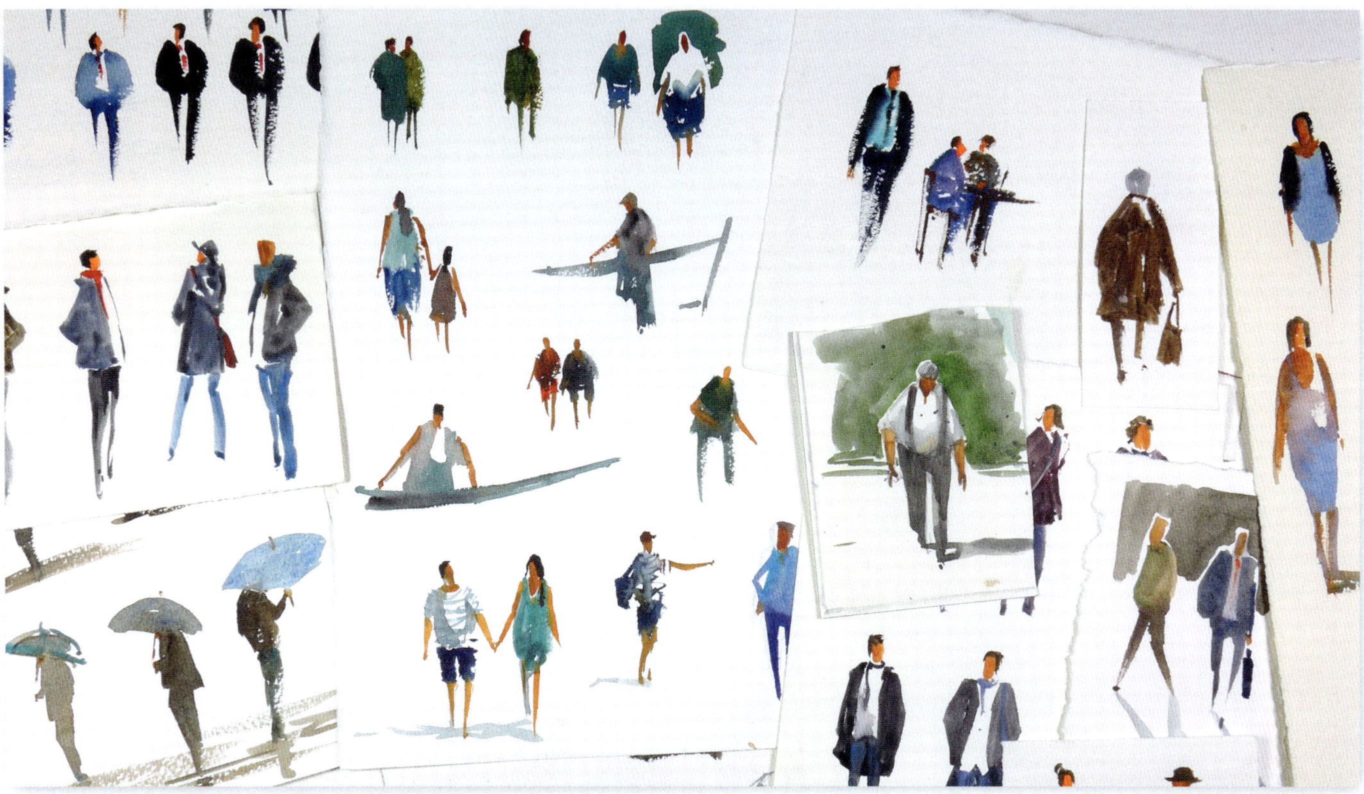

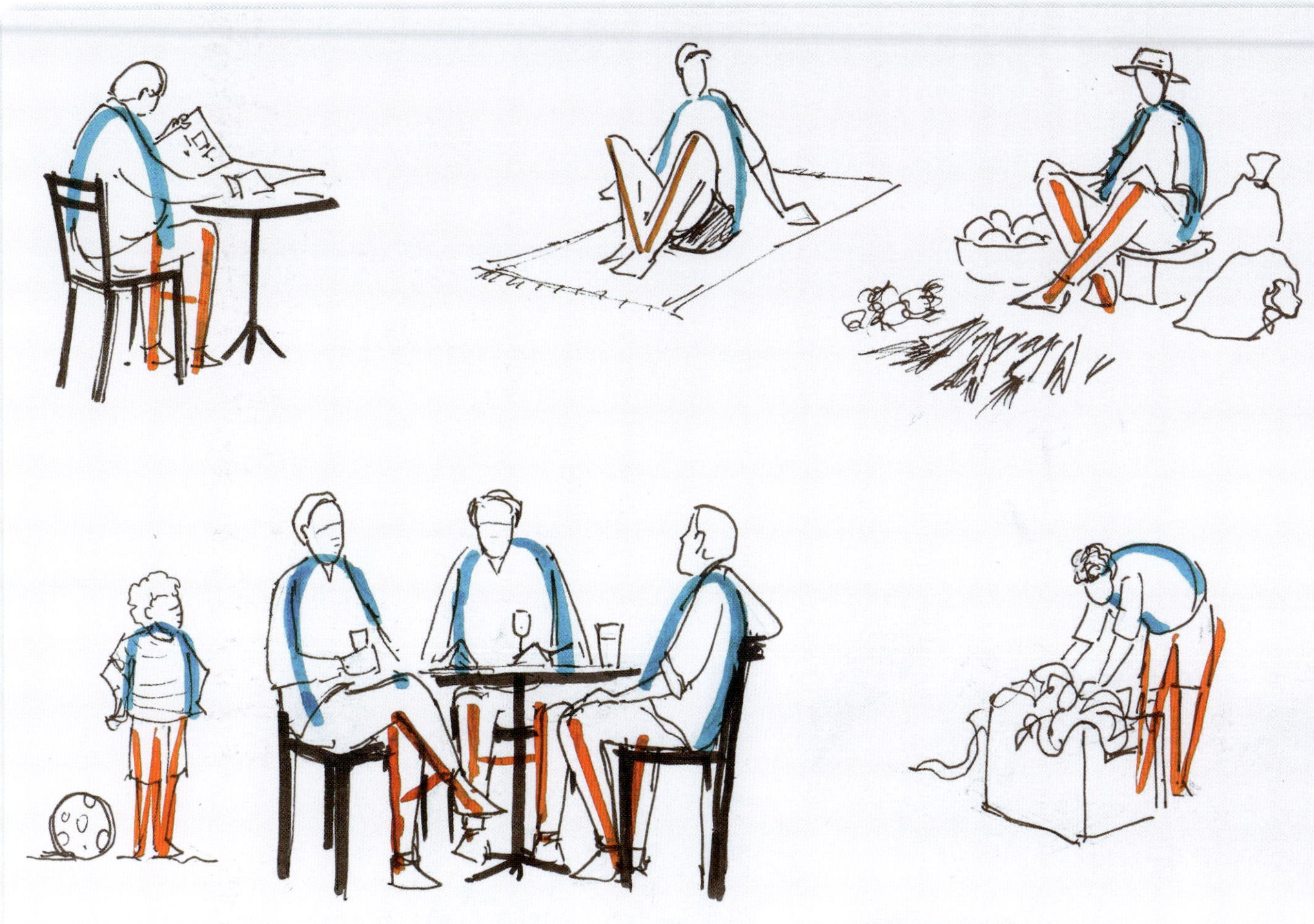

Verschiedene Haltungen
Spiele mit unterschiedlichen Anordnungen der Buchstaben, um eine Vielzahl an Haltungen auszuprobieren. Du merkst selbst sehr schnell, wenn etwas unförmig aussieht. Bei speziellen Haltungen musst du zu Beginn vielleicht Fotos zu Hilfe nehmen. Malt man die gleichen Haltungen öfter, speichert unser Gehirn sie als „Vokabeln" ab. Also üben, üben und nachmals üben!

Ein Künstler weiß, dass er Perfektion erreicht hat, nicht wenn es nichts mehr gibt, das man hinzufügen kann, sondern wenn es nichts mehr gibt, das man weglassen kann.

Antoine de Saint-Exupéry

UMSETZUNG IN AQUARELL

Wenn du dich gut mit den verschiedenen Buchstaben-Menschen vertraut gemacht hast, wird es Zeit, dieses Prinzip auch mit Aquarellfarben umzusetzen. Es macht auch viel Spaß, bei den Figuren das Aquarell mit verschiedenen Stiften zu kombinieren, z.B. mit Aquarellstiften, wasserfesten und wasserlöslichen Finelinern, Filzstiften, Markern etc. Wenn du Menschen mit Aquarellfarben malst, finde heraus, mit welchem deiner Pinsel du am besten zurechtkommst.

Tipp: Nicht jede Figur wird gut, das ist ganz normal! Hebe dir die besten Resultate als Referenz für später auf. Ich selbst habe einen großen Karton voller UWOs, und wenn ich eine besondere Figur suche, stöbere ich darin.

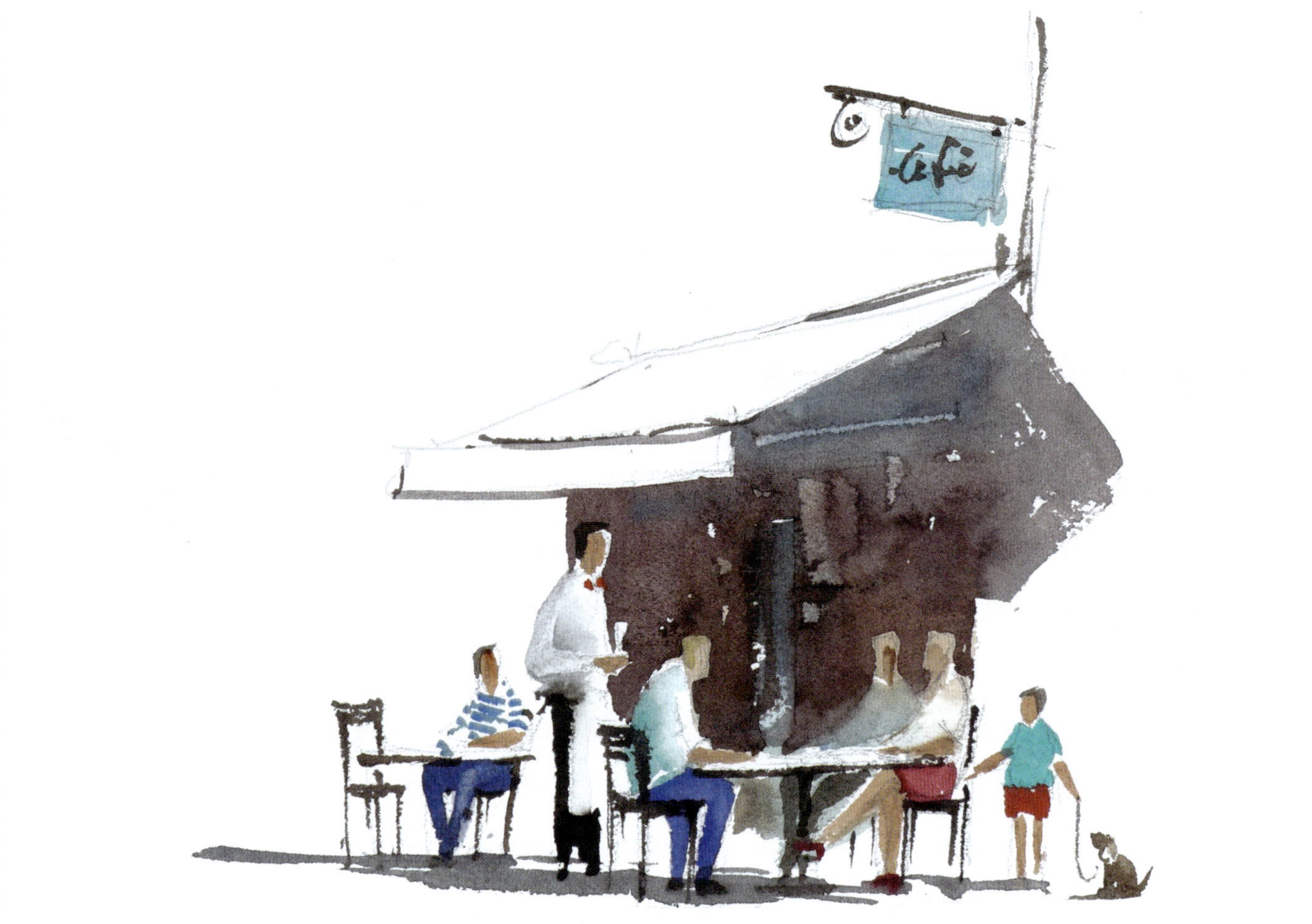

UWOs in eine Szene integrieren

Nun eine kleine Übung, um die Buchstaben in einer kleinen Café-Szene zusammenzubringen. Damit müssen deine Überlegungen gleich einen Schritt weitergehen. Z.B. musst du nun überlegen, ob du eine helle Figur vor einen dunklen Hintergrund oder eine dunkle Figur vor einen hellen Hintergrund setzen möchtest? Befindet sich eine dunkle Form hinter einer hellen Person, muss die dunkle Form in der Bildfläche immer etwas weiter oben platziert sein, damit sie optisch hinter der Person bleibt und die gewünschte Tiefe entsteht. Die Schatten verankern die Figuren mit dem Boden.

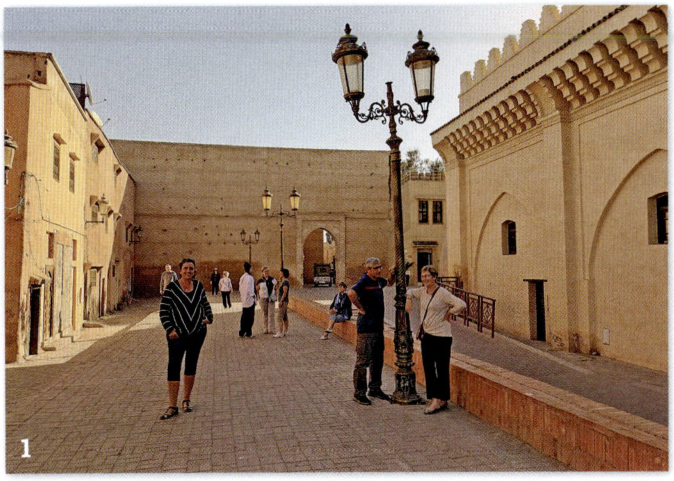

1

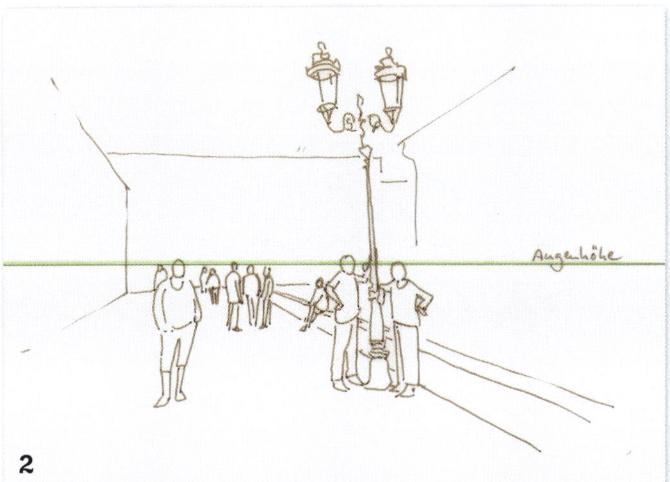

2

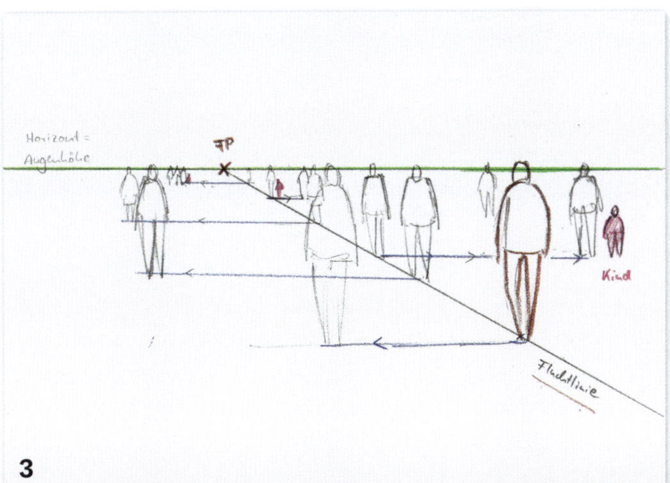

3

Ein wenig Perspektive

Ganz ohne Perspektive geht es auch bei den Menschen nicht. Doch ist es recht einfach, sobald man verstanden hat, welche Rolle die Augenhöhe des Betrachters dabei spielt. Diese ist manchmal identisch mit der Augenhöhe der anderen Menschen im Bild, aber eben nicht immer. Hier ist es wichtig, den Unterschied zu erfassen. Ausschlaggebend für die Komposition ist immer die Augenhöhe des Betrachters, des Malers, deine eigene Augenhöhe. In den meisten Fällen sitzen oder stehen wir beim Malen. Blicken wir nach oben oder nach unten, ändert sich jeweils unsere Aussicht, aber unsere Augenhöhe bleibt beim Blick geradeaus.

Stehender Betrachter

Bild 1: Ist der Untergrund eben und alle Personen stehen auf der gleichen Fläche, entsprechen die Augenhöhen der anderen Menschen der des Betrachters. Die Augenhöhe der auf der Mauer sitzenden Person befindet sich folglich tiefer als die der Stehenden. Steht sie an der Stelle auf, ist sie genauso groß wie die Dreiergruppe links von ihr.

Bild 2: Da wir nicht alle gleich groß sind, liegen nicht alle Augenpaare genau auf der Augenhöhe des Betrachters. Dennoch kann sie gut als Maßstab und Orientierung im Bild genutzt werden, um die weiteren Figuren perspektivisch korrekt anzuordnen. Die Köpfe bleiben auf der Horizontlinie, die Füße werden immer kürzer, je weiter hinten die Figuren stehen.

Bild 3: Wo sich weitere Personen im Bild befinden, kann durch eine Fluchtlinie von der Basisfigur aus (rot) und einen Fluchtpunkt auf der Augenhöhe berechnet werden. Die Basisfigur wird so gewählt, dass sie zur Szene passt, z.B. zur Größe der Tür am Haus, neben der die Person steht. Der Fluchtpunkt kann willkürlich auf der Augenhöhe des Betrachters gewählt werden oder dem der Gebäude entsprechen. Kinder sind kleiner und hier unterhalb der Augenhöhe platziert.

Tipp: Die Augenhöhe entspricht dem Horizont, wo Himmel und Meer sich treffen.

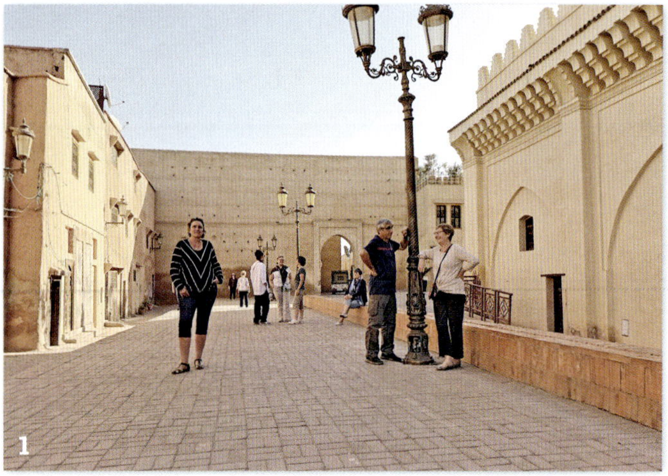

1

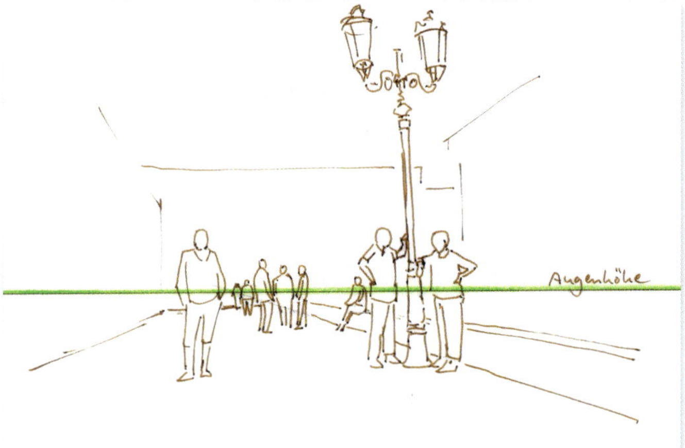

2

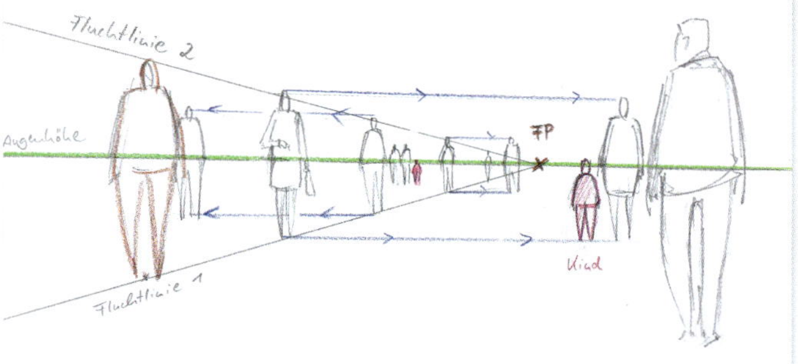

3

Sitzender Betrachter

Bild 1: Nun sitzt der Maler und befindet sich etwa auf gleicher Augenhöhe wie die auf der Mauer sitzende Person. Dadurch entspricht seine Augenhöhe etwa der Höhe der Bauchnabel aller stehenden Personen. Auch die Fluchtlinien der Gebäude liegen immer auf der Augenhöhe des Betrachters.

Bild 2: Sitzt der Maler jetzt in einem Café und möchte stehende Figuren ins Bild malen, müssen sich deren Bauchnabel etwa auf der Augenhöhe des Malers befinden. Andere sitzende Personen haben in diesem Fall die gleiche Augenhöhe wie der Maler.

Bild 3: Geht man wieder von einer Basisfigur und dem Fluchtpunkt auf der Augenhöhe aus, ergeben sich nun zwei Fluchtlinien, eine vom Kopf und die andere von den Füßen des Betrachters ausgehend. Die blauen Linien zeigen die Verschiebung aus den Fluchtlinien heraus parallel zur Augenhöhe nach links oder rechts.

Tipps: Zeichne bei deinen Skizzen am besten die Augenhöhe leicht ein, damit du eine Orientierung hast, wo die Menschen platziert werden müssen. Vergiss nicht, diese Hilfslinie vor dem Aquarellieren wieder wegzuradieren. Ist einmal Farbe auf dem Bleistiftstrich, lässt er sich nur schwer oder gar nicht entfernen.
Es macht ein Bild interessanter, wenn vieles nur angedeutet und nicht ganz genau gemalt ist. Schließlich darf der Betrachter seine Fantasie auch etwas anstrengen.

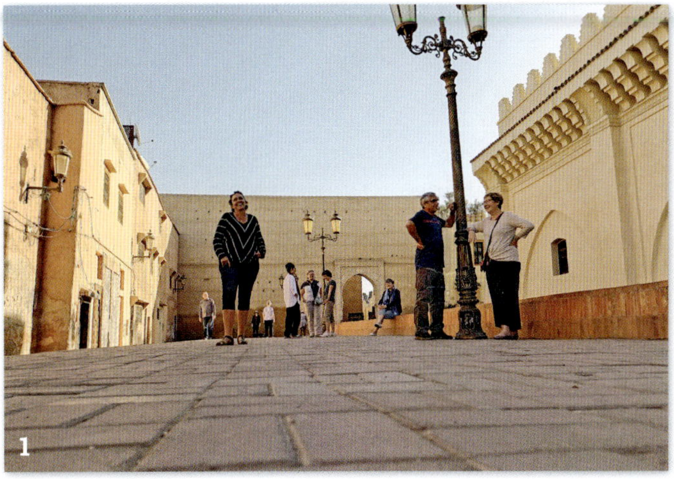

1

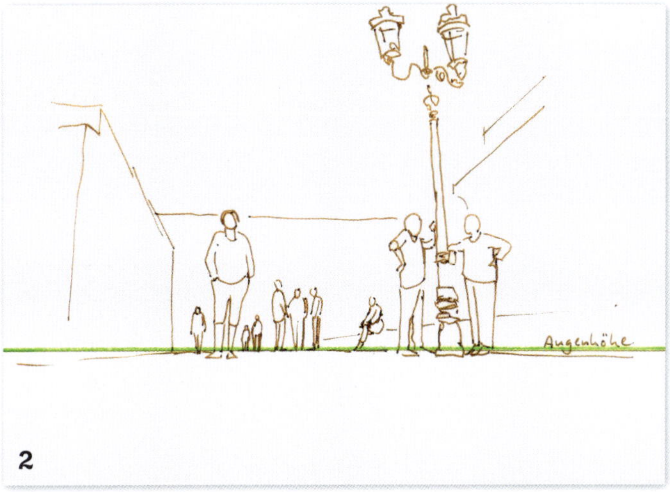

2

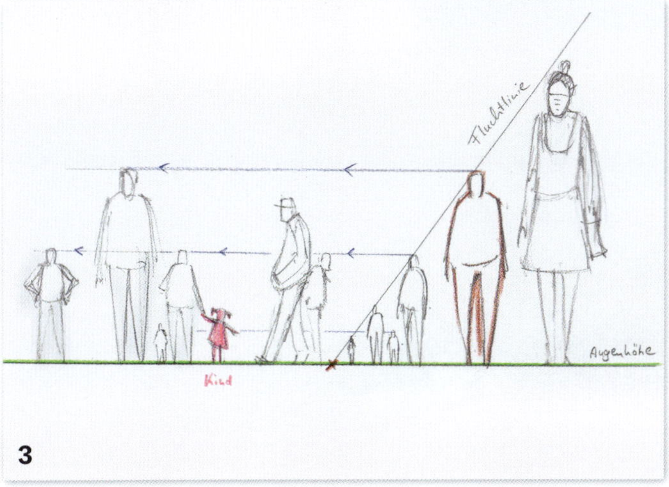

3

Froschperspektive

Bild 1: Die sogenannte Froschperspektive wird in der Kunst selten verwendet. Meine Schüler waren sichtlich amüsiert, als ich mich zum Fotografieren auf den Boden legte. In dieser Lage ist das Malen mühsam, wenn auch die Perspektive spannend und ungewöhnlich ist.

Bild 2: So würde man die Welt beispielsweise aus einem Gullydeckel heraus sehen. Dann befindet sich der Betrachter mit seiner Augenhöhe auf der Höhe der Füße aller anderen Personen auf dem Weg. Auch die Gebäude stehen in diesem Fall auf der Augenhöhe.

Bild 3: Das Spiel mit der Basisfigur, dem Fluchtpunkt und der Fluchtlinie ist auch hier das gleiche. Wieder kann man die Figuren parallel zur Augenhöhe nach links und rechts verschieben. Kinder sind dementsprechend kleiner.

Komposition ist die Kunst,
den Betrachter zu kontrollieren.

nach Robert Henri

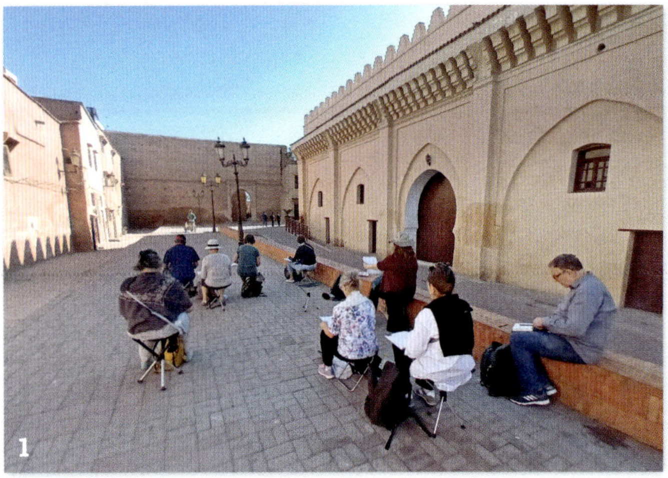

1

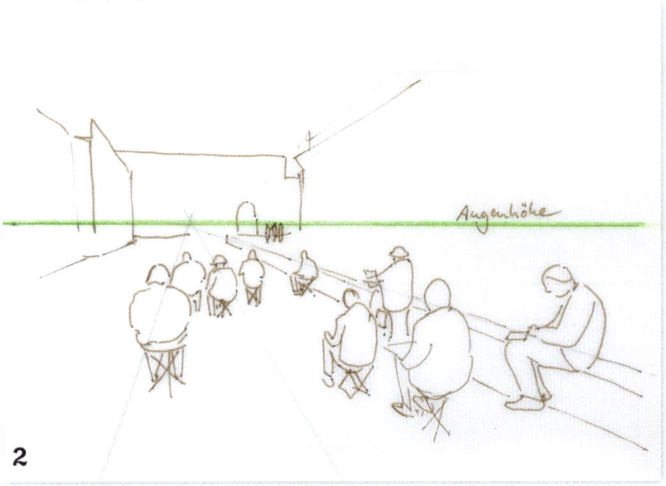

2

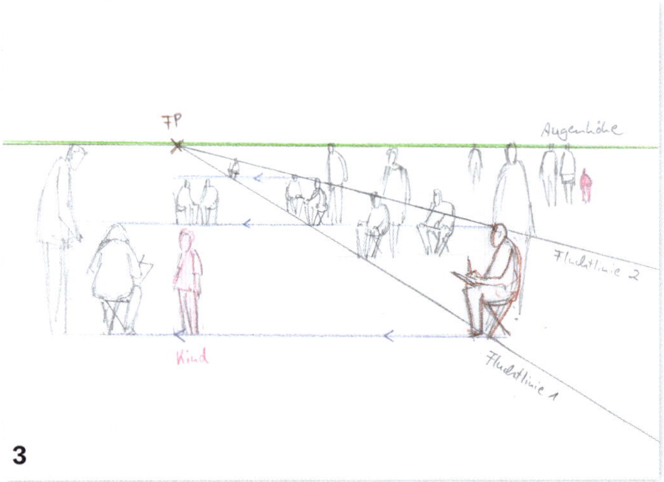

3

Leicht erhöhter Betrachterstandort

Bild 1: Der Betrachter der Szene steht, alle anderen sitzen auf Malhockern oder auf der Mauer (etwas höher als die Hocker). Hinten im Foto stehen noch vier Personen, deren Augenhöhe dadurch der des Betrachters entspricht.

Bild 2: Die Grafik zeigt die Augenhöhe des Betrachters. Dadurch wird deutlich, dass die anderen Maler unterhalb der Horizontlinie sitzen. Je weiter vorn sich eine Figur befindet, desto größer wird sie natürlich dargestellt.

Bild 3: Die Basisfigur, der Fluchtpunkt und die Fluchtlinien verdeutlichen hier das Größenverhältnis der Figuren im Vordergrund zu denen weiter hinten. Wieder können sie parallel zur Augenhöhe in der jeweiligen Größe nach links und rechts verschoben werden. Sitzt jemand ganz weit hinten, sitzt er in der Bildfläche eventuell „über" einer anderen sitzenden Person.

Es kommt mehr von mir selbst ins Bild, wenn ich improvisiere.

Edward Hopper

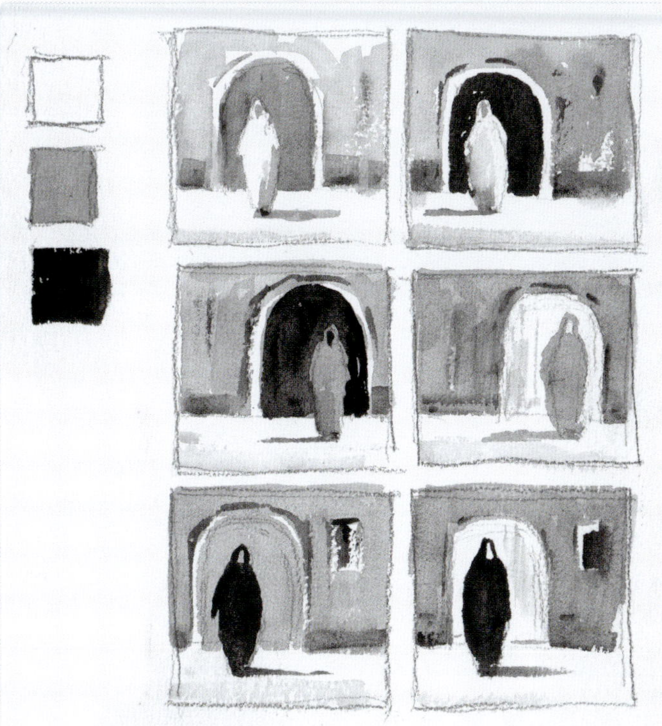

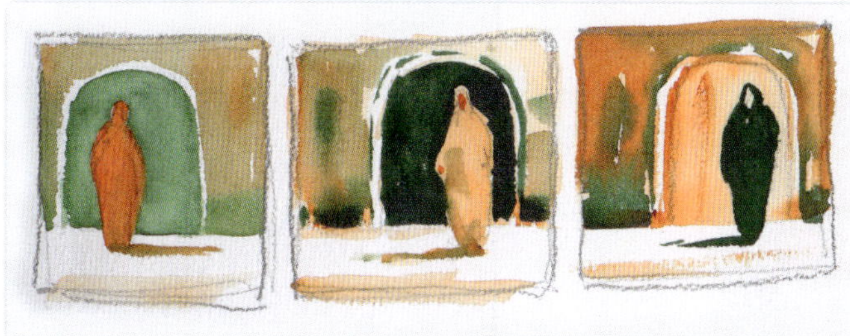

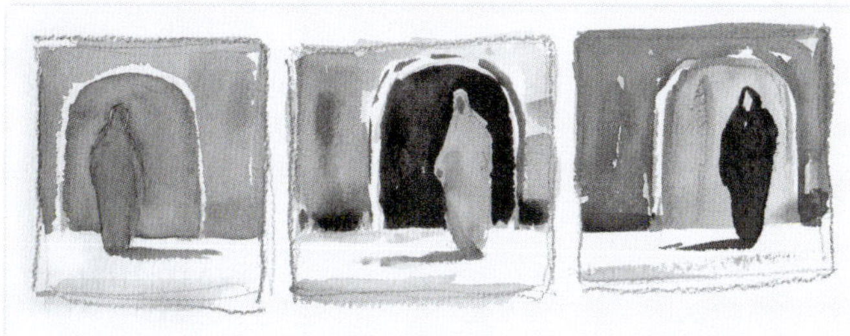

Tonwerte verstehen

Wie in einigen Firmen bekommt zuweilen der Chef das Lob, und die Mitarbeiter gehen leer aus, obwohl sie die ganze Arbeit machen. Ähnlich ist es bei den Tonwerten. Jeder schwärmt von der Farbe, aber es sind die Tonwerte, die eine Komposition tragen und dem Bild Räumlichkeit und Tiefe geben. Sie sind das Rückgrat eines gut designten Bildes.
Benutze für deine Tonwertskizzen ein Zeichenpapier von mindestens 100 g/m². Postkartengröße ist ein gutes Format. Bei größeren Skizzen ist man meist versucht, zu viele Details einzufügen. Es geht nur um das grobe Design und die Anordnung deiner Bildelemente. Für das Schattieren großer Flächen ist ein weicher Grafit-Stick gut geeignet. Tonwertskizzen sind auch in einer dunklen Aquarellfarbe, also monochrom, möglich.
Reduziert man alle Schattierungen zwischen Weiß und Schwarz auf drei Tonwerte, ergeben sich sechs Möglichkeiten, um eine Figur effektiv im Bild zu platzieren. Eine weiße Figur braucht einen grauen oder schwarzen Hintergrund, um sichtbar zu werden. Ist die Figur grau, muss der Hintergrund weiß oder schwarz sein, und bei einer schwarzen Person brauchst du einen weißen oder einen grauen Hintergrund.
Nun mal das Ganze in Farbe. Im linken Quadrat hebt sich zwar das Grün vom Orange ab (Komplementärfarben), aber in der schwarz-weißen Variante sieht man, dass beide Farben fast denselben Tonwert haben. Farbenblinde Menschen würden die orangefarbene Figur vor dem grünen Hintergrund gar nicht erkennen können, denn sie sehen Rot und Grün nur als Grautöne. Mitte und rechts sind die besseren Lösungen. Die Figuren heben sich deutlich vom Hintergrund ab und sind gut zu sehen. Behalte dieses Konzept immer im Hinterkopf, wenn du deine Komposition planst. Aus diesem Grund sind auch die Tonwertskizzen als Vorbereitung für das Aquarell so wertvoll.

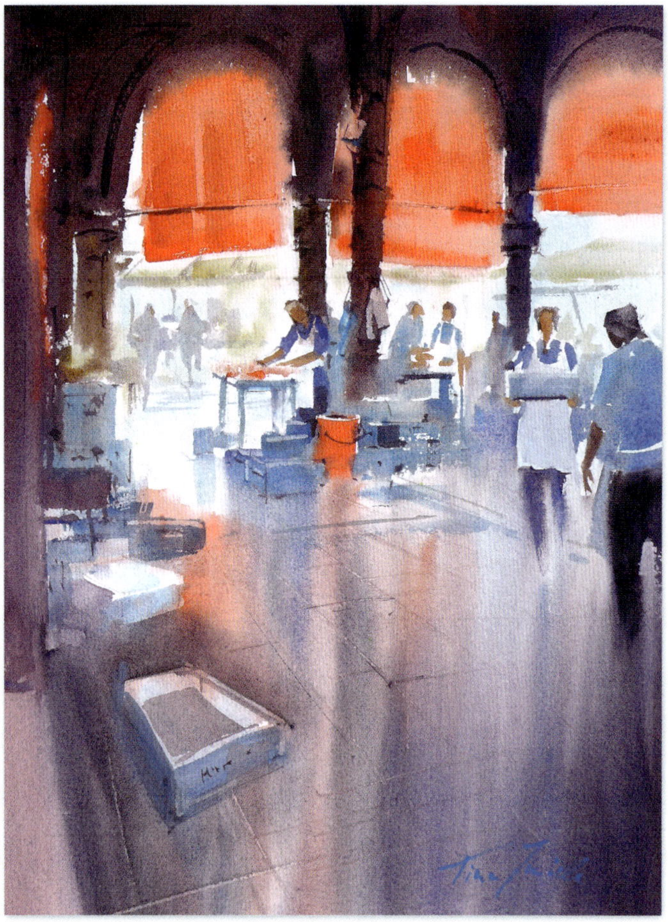

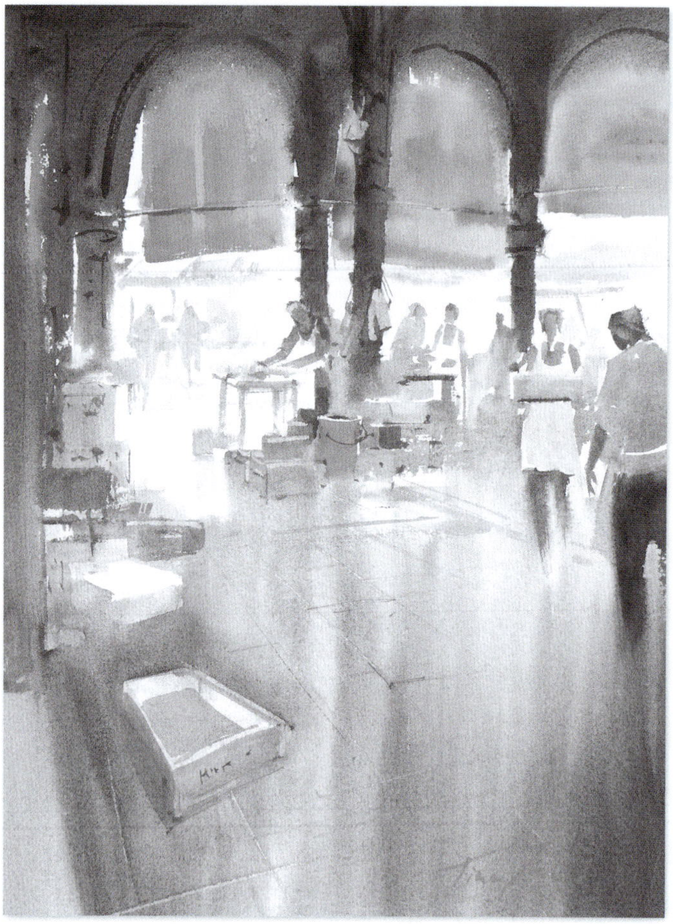

Die Figuren auf dem Fischmarkt bilden graue Silhouetten gegen den helleren Hintergrund. Die beiden Figuren hinten links sind am weitesten entfernt und somit am hellsten. Die Arbeiter in der Halle sind im Tonwert etwas dunkler und detaillierter, weil sie sich weiter vorn befinden. Trotz weißer Schürzen reicht die Dunkelheit der Köpfe, Arme und Beine aus, um die Menschen anzudeuten. Eingerahmt wird die Szene von den dunklen Torbögen. Der Fischmarkt in Venedig ist ein Malertraum mit seinen roten Sonnensegeln und seinem emsigen Treiben.

Ein Künstler ist nicht besonders.
Ein Künstler nimmt gewöhnliche Dinge und macht sie zu etwas Außergewöhnlichem.

Ruth Asawa

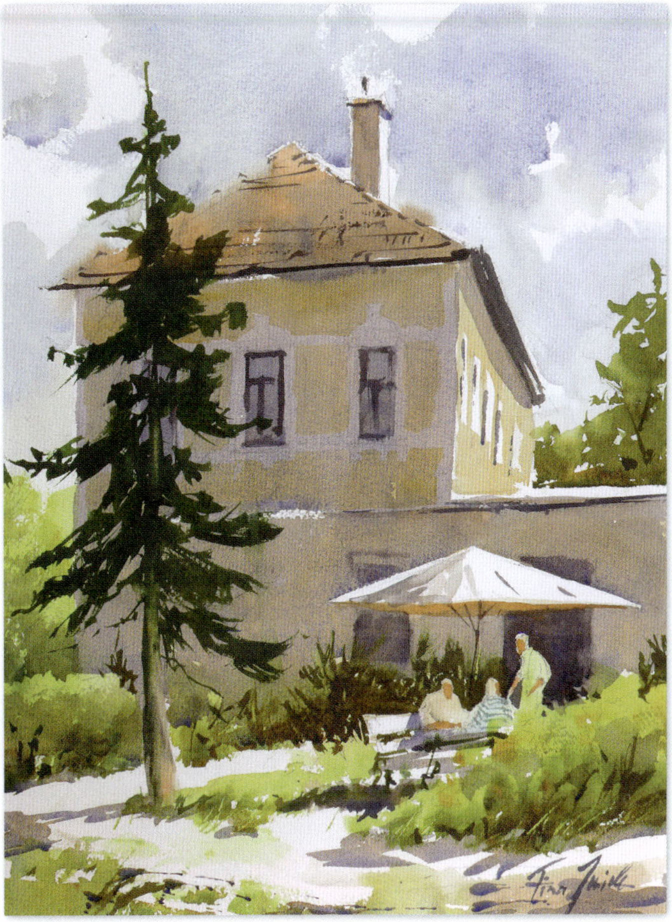

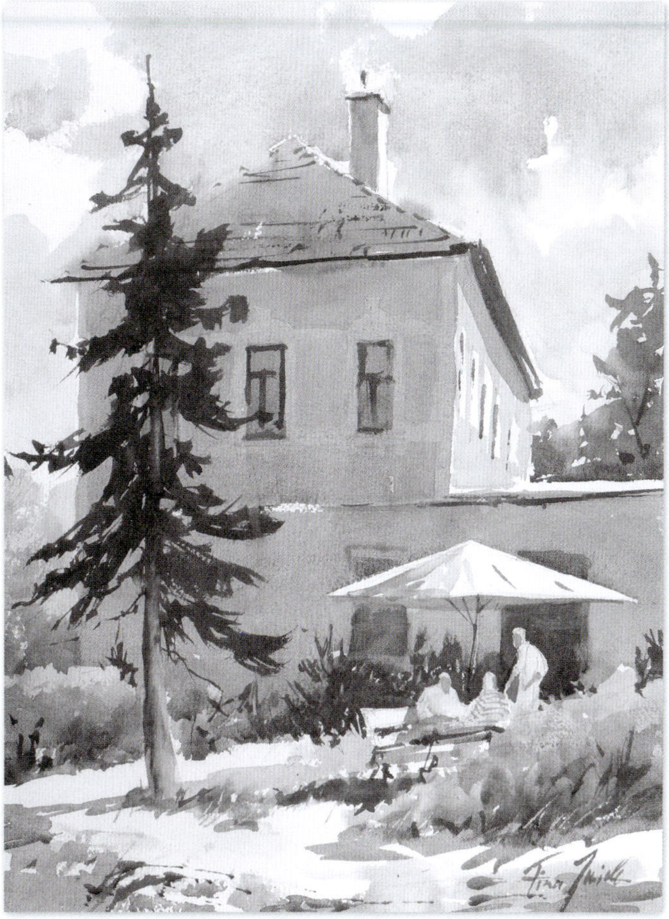

Die Herren bei der Weinprobe blieben als negative Formen stehen. Hast du mit dem „Stehenlassen“ noch Schwierigkeiten, benutze Maskierflüssigkeit. Die schattige Hauswand hätte wenig Kontrast geboten, deshalb wurde hinter der stehenden Figur eine Tür und hinter den sitzenden Männern Gebüsch gemalt. Die Helligkeit der Figuren fließt in den vorderen Busch und über die Bank hinaus auf den Weg. Dadurch wirken sie nicht „eingesperrt“, und das Auge des Betrachters folgt den Helligkeiten durch die Komposition.

Genialität oder Talent, wie der Betrachter es oft nennt, ist nichts weiter als verkleidete Beharrlichkeit.

Henry Willard Austin

Die angeschnittene Figur

Essaouira

Du brauchst:

Aquarellpapier
Arches Grobkorn, 300 g/m²

Aquarellfarben in
- Französisch Ultramarin,
- Kobalttürkis,
- Siena gebrannt,
- Alizarin-Karmesin,
- evtl. Titanweiß

Pinsel s. S. 9

Wenn eine Figur angeschnitten wird, geschieht dies meist im Vordergrund. Je weiter vorn, desto größer die Figur. Sei dir bewusst, dass du eventuell mehr Details malen musst als bei im Hintergrund angedeuteten Menschen. Das kommt auf die Größe deines Bildes an. Ein Mensch könnte auch am linken oder rechten Bildrand angeschnitten sein, doch das ist nur sinnvoll, wenn mehrere Figuren in der Komposition unterwegs sind.
Menschen sind immer in Bewegung, auch wenn man meint, sie sitzen ganz ruhig in einem Café. Die Bewegtheit fällt meist erst auf, wenn man versucht, die Figuren zu zeichnen. Hierbei sind Fotos sehr hilfreich. Sie liefern uns Details, wenn eine Person größer und genauer dargestellt werden soll, wie in diesem Motiv aus dem marokkanischen Küstenstädtchen Essaouira.

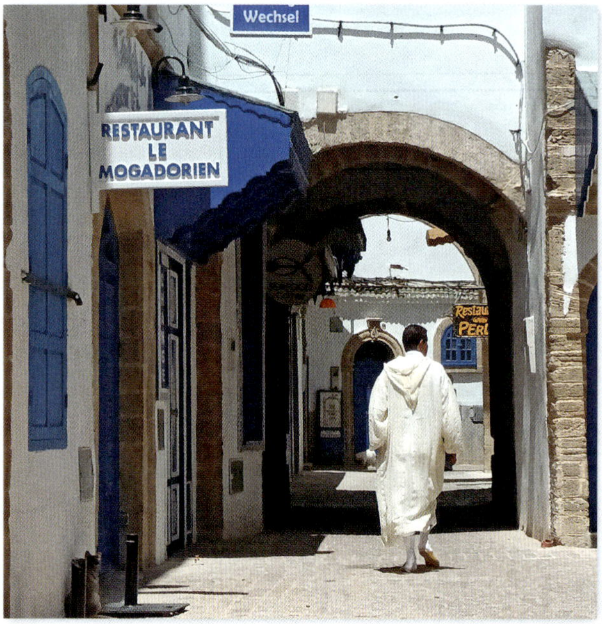

Motiv-Vorlage

Das Foto ist an sich schon perfekt als Vorlage, wie es ist. Das Tor ist im Goldenen Schnitt (1/3-2/3-Regel, s. S. 49), und auch der Mann steht nicht ganz in der Mitte des Durchgangs. Fertige eine Tonwertskizze an und entscheide dich vor dem Aquarell, wer wo stehen soll. Wenn du Lust hast, male das gleiche Motiv mit drei unterschiedlichen Bildaussagen und positioniere deine Personen jedes Mal anders. Übung macht den Meister!

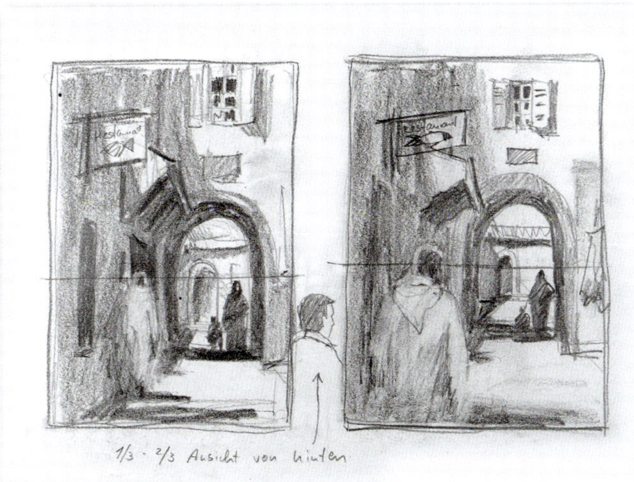

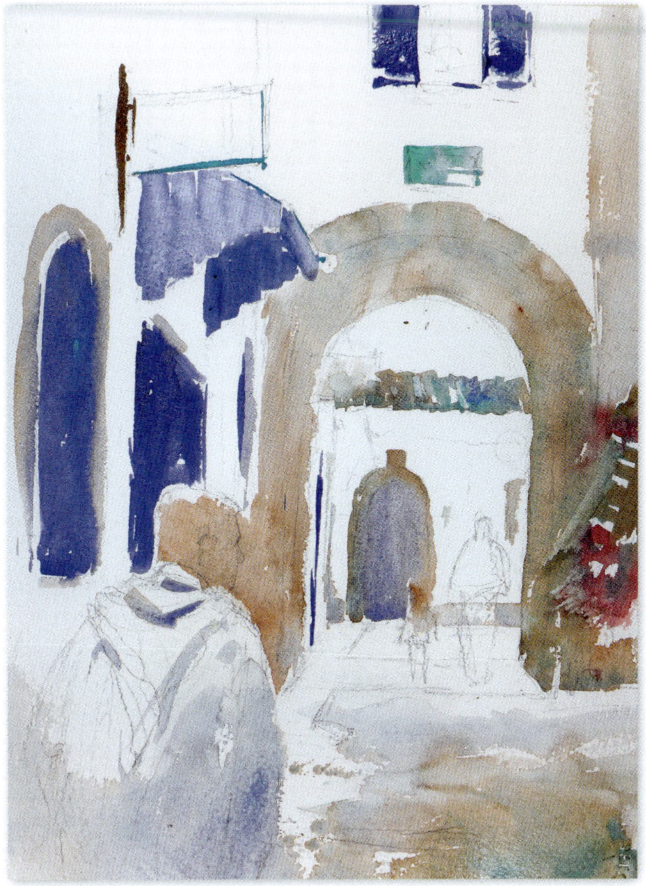

Tonwertskizzen

Du siehst hier zwei unterschiedliche Kompositionen: Links ist der Mann in seiner Dschellaba komplett im Bild, rechts ist er angeschnitten. Auch die linke Variante ist malerisch und stimmig im Bildaufbau, die angeschnittene Variante hat aber mehr Spannung. Wenn du eine Figur anschneidest, achte darauf, dass sie nicht zu viel Raum einnimmt und den Betrachter ins Bild hineinträgt. Sicherlich ist es auch möglich, die Figur aus dem Bild heraus laufen zu lassen, wenn man z.B. Traurigkeit oder Einsamkeit ausdrücken möchte. Je nachdem, wie du dich entscheidest, entsteht eine andere Bildaussage. Der Mann läuft von links ins Bild, und sein Blick ist in Richtung Bildmitte gerichtet. Das führt den Betrachter zu Mutter und Kind. Wenn du dir über diese Zusammenhänge bewusst bist, kannst du mit diesen Mitteln den Blick des Betrachters komplett steuern.

1. Schritt

Deute mit Ultramarin die Fenster und Türen an. Den Torbogen, seine Umrandung und den Vordergrund mit Kobalttürkis und Siena gebrannt malen. Eventuell gleich etwas Siena gebrannt ins Gesicht des Mannes und rechts die Wand hinauf ziehen. Möglichst gleich in einem Fluss die Teppiche und Tücher rechts andeuten und hier intensiv Alizarin-Karmesin und Kobalttürkis einsetzen. Das Dach im Hintergrund mit einer variierten Mischung aus Französisch Ultramarin, Kobalttürkis und Siena gebrannt malen.

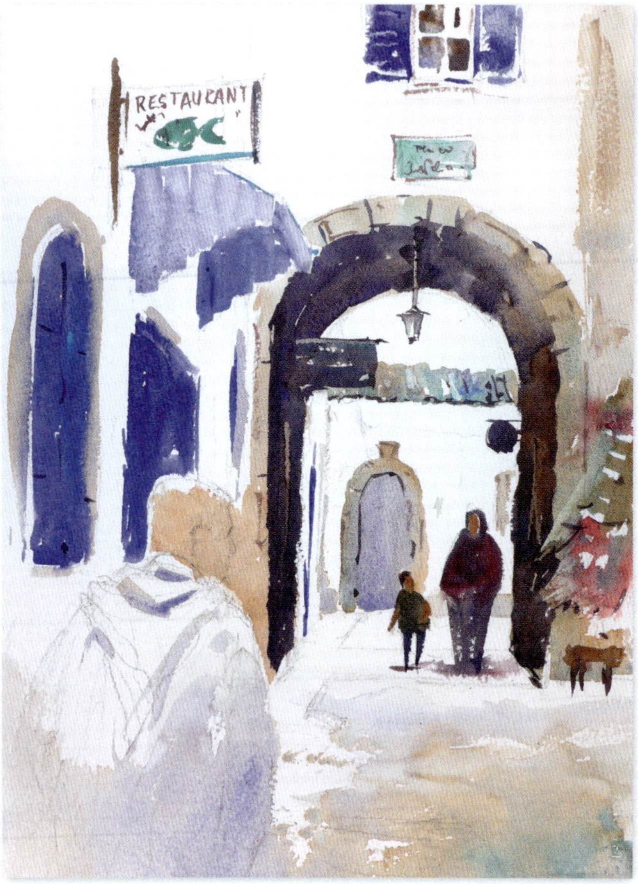

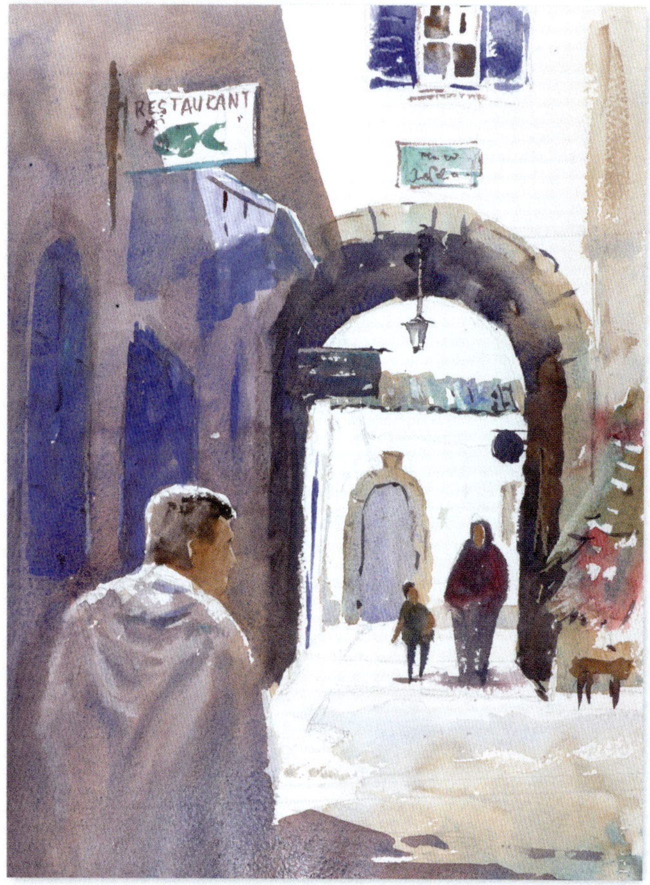

2. Schritt

Nimm für das Innere des Torbogens eine intensive Mischung aus Französisch Ultramarin, Alizrain-Karmesin und Siena gebrannt und male mit der Farbe sogleich auch das Schild und eine Lampe, um den runden Bogen aufzubrechen. Mutter und Kind ebenfalls in dunklen Farben malen, damit sie sich gut gegen den helleren Hintergrund abheben. Die gleichen Farben wiederholen sich in den Fensterscheiben. Für die Schilder leuchtendes Kobalttürkis verwenden. Setze für mehr Tiefe eine dunkle Kante unter das Dach im Hintergrund.

3. Schritt

Bereite als Grundfarbe für die Schatten eine große Pfütze Französisch Ultramarin und Alizrain-Karmesin auf deiner Palette vor. Nimm einen großen Pinsel, nimm Farbe auf und beginne oben mit der Schattenfläche, in die noch etwas Siena gebrannt kommen darf. Ziehe den Schatten schräg über die mittlere Hauswand, halb über das Schild, über die ganze Hausseite runter, um den Mann herum, unten weiter in sein Gewand hinein und rechts über den Vordergrund. Die ganze Fläche muss dabei gleichmäßig feucht sein.

Ein Maler legt offen,
was noch nicht gesehen wurde.

Paul Cézanne

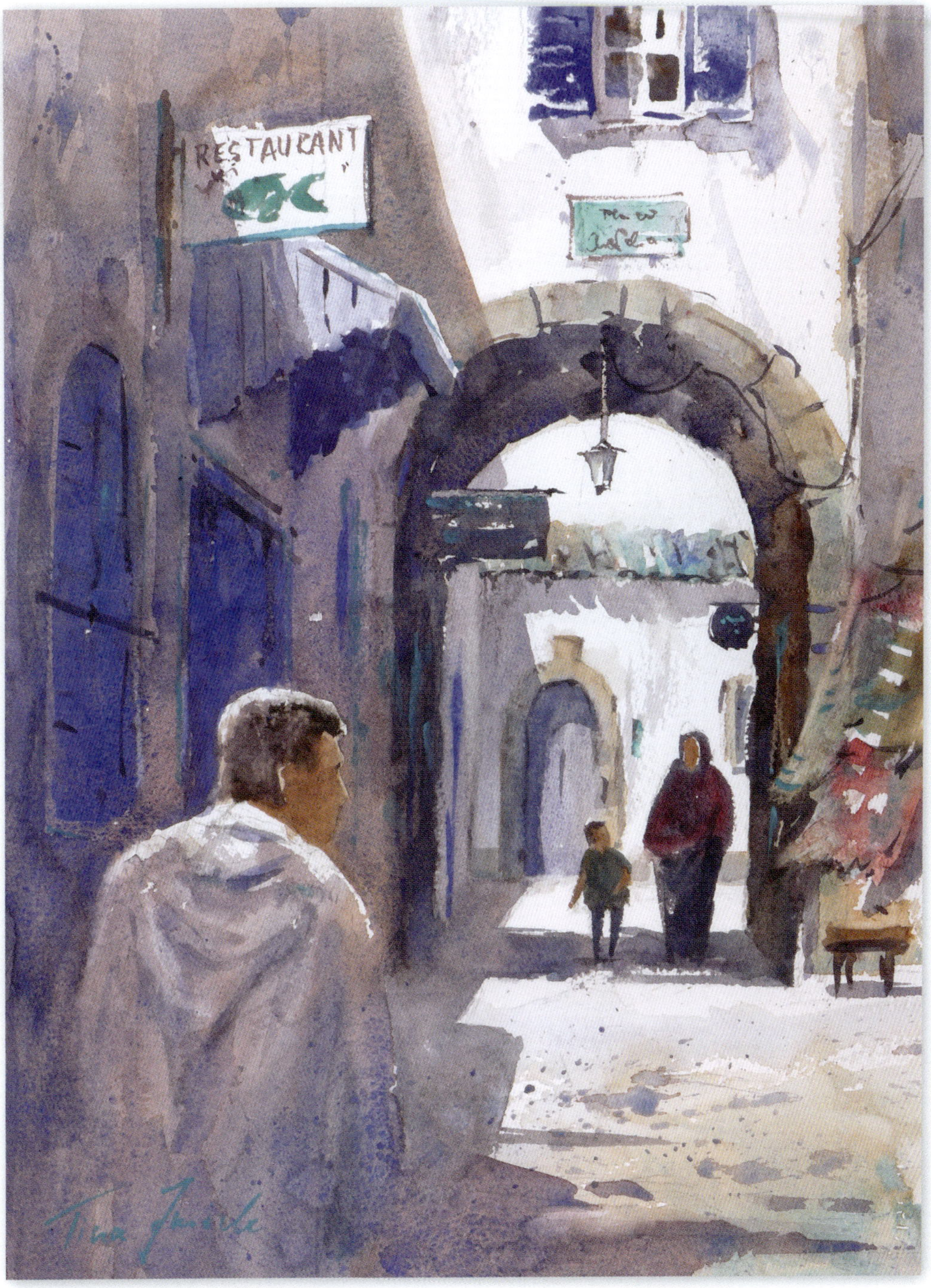

Fertiges Bild

Warte, bis der Schatten rechts getrocknet ist, und lege dann mit der gleichen Farbe den Schatten hinter dem Tor an. Achte darauf, dass er auf der Hauswand im gleichen Winkel fällt wie auf der vorderen Wand. Der Schatten „fließt" in die Tür, unter das Dach und unter den Torbogen, unter dem Mutter und Kind stehen. Vorn verbindet er sich mit dem ersten Schatten aus Schritt 3. Versuche, möglichst viele Schatten in einer zusammenhängenden Form zu malen. Etwas Schatten unter die Fensterläden und die Teppiche setzen. Ergänze letzte Details in Teppichen, Schildern und Fenstern. Einige Spritzer mit der restlichen Schattenfarbe lockern den Vordergrund auf. Dem Mann Haare und eventuell eine noch dunklere Gesichtsfarbe geben. Solltest du das Highlight auf seinem Kopf und seinen Schultern im Eifer des Gefechtes verloren haben, kannst du dies in Titanweiß direkt aus der Tube aufmalen. Der Mann darf im unteren Teil, in der Bildecke, locker angedeutet bleiben.

Die Figur als Maßstab

Sidi Kaouki

Du brauchst:

Aquarellpapier
Arches Grobkorn, 300 g/m²

Aquarellfarben in
- Coelinblau,
- Französisch Ultramarin,
- Siena gebrannt,
- Alizarin-Karmesin

Malspachtel

Pinsel s. S. 9

Menschen sind ein Maßstab für alle anderen Objekte im Bild, denn jeder weiß, wie groß ein Mensch ist. Und da wir jeden Tag Menschen sehen und mit ihren Proportionen vertraut sind, stellen wir alles andere um sie herum in Relation dazu. Viele Dinge lernen wir bereits in der Kindheit, aber bewusst werden sie uns oft erst, wenn uns jemand darauf hinweist.
Ein kleines Dorf in Marokko mit einem kilometerlangen Strand, an dem man meist alleine unterwegs ist. Ich hatte das Glück, dass für mein Foto ein paar Touristen zwischen den Steinen spazieren gingen. Somit hast auch du ein Größenverhältnis und kannst die Größe der Steine abschätzen, ohne dort gewesen zu sein.

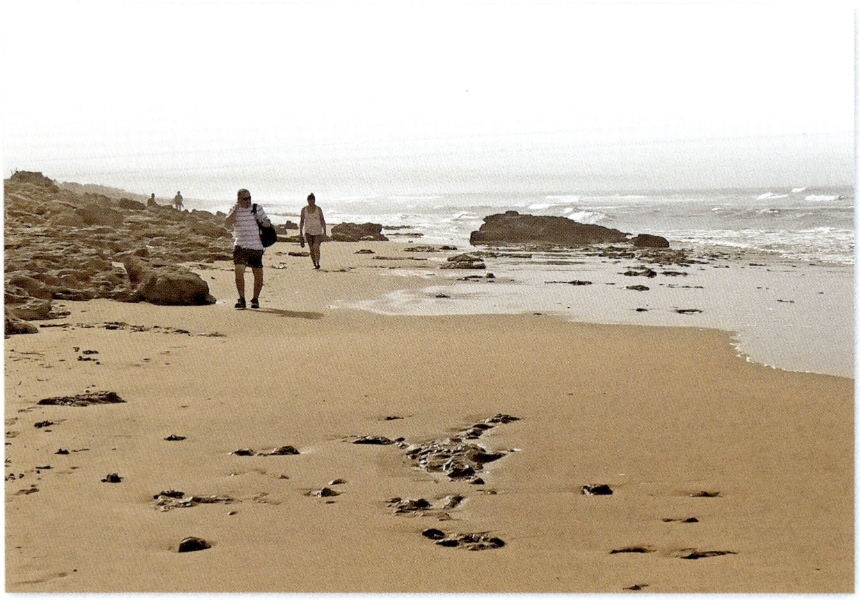

Motiv-Vorlage

Auf dem Foto wirken die Steine am Strand durch die Menschen sehr klein. Decke mit deiner Hand die Figuren auf dem Foto ab und sieh dir die Steine jetzt an. Nun ist ihre Größe nicht mehr so klar definiert, weil dem Gehirn der Anhaltspunkt zur Berechnung der Größe fehlt. Malst du die Menschen in deinem Bild größer, wirken die Felsen kleiner, werden die Menschen kleiner, erscheinen die Felsen größer. So ist es dir möglich, mit der Wahl der Größe deiner UWOs eine andere Bildaussage zu schaffen. Am Strand ist die Augenhöhe des Betrachters zu sehen (auch wenn der Horizont etwas im Dunst liegt). Es ist die Linie, an der sich Wasser und Himmel treffen. In diesem Fall ist sie identisch mit der Augenhöhe der Spaziergänger.

Tonwertskizze

Fertige eine Tonwertskizze an und entscheide, wo deine Menschen stehen sollen und wie groß sie im Verhältnis zu den Steinen sind. Dabei kannst du meinen Vorschlag mit einer sitzenden und zwei stehenden Figuren übernehmen oder deine eigene Strandgeschichte malen. Die Skizze habe ich direkt vor Ort in Sidi Kaouki angefertigt. Für die Zeichnung habe ich einen blauen Füller verwendet, und die Mitteltöne wurden mit blauer Aquarellfarbe angelegt. Radieren ist bei Tintenskizzen nicht möglich.

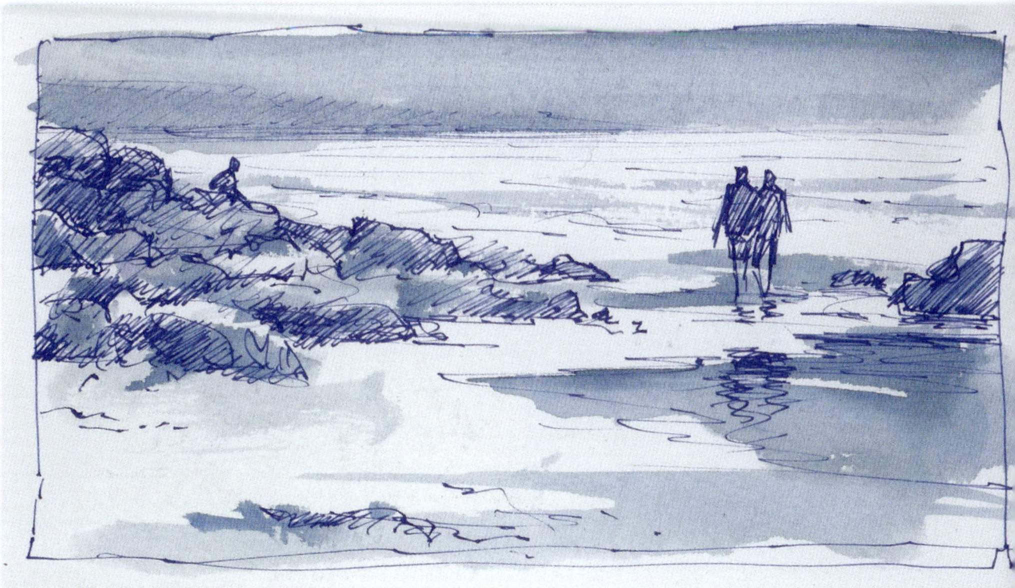

1. Schritt

Feuchte den oberen Teil des Bildes an und ziehe eine Lasur aus Coelinblau gemischt mit Alizarin-Karmesin bis zum Horizont ein. Der Pinsel enthält dabei weniger Feuchtigkeit als das Papier. Nimm jetzt noch Siena gebrannt dazu und male die Landzunge im Hintergrund mit noch weniger Feuchtigkeit im Pinsel. Feuchte den Vordergrund ebenfalls an und lasse am Strand links mehr Siena gebrannt und rechts ins Wasser mehr Coelinblau hineinlaufen. Unten dunkler und zur Mitte des Bildes hin heller werden.

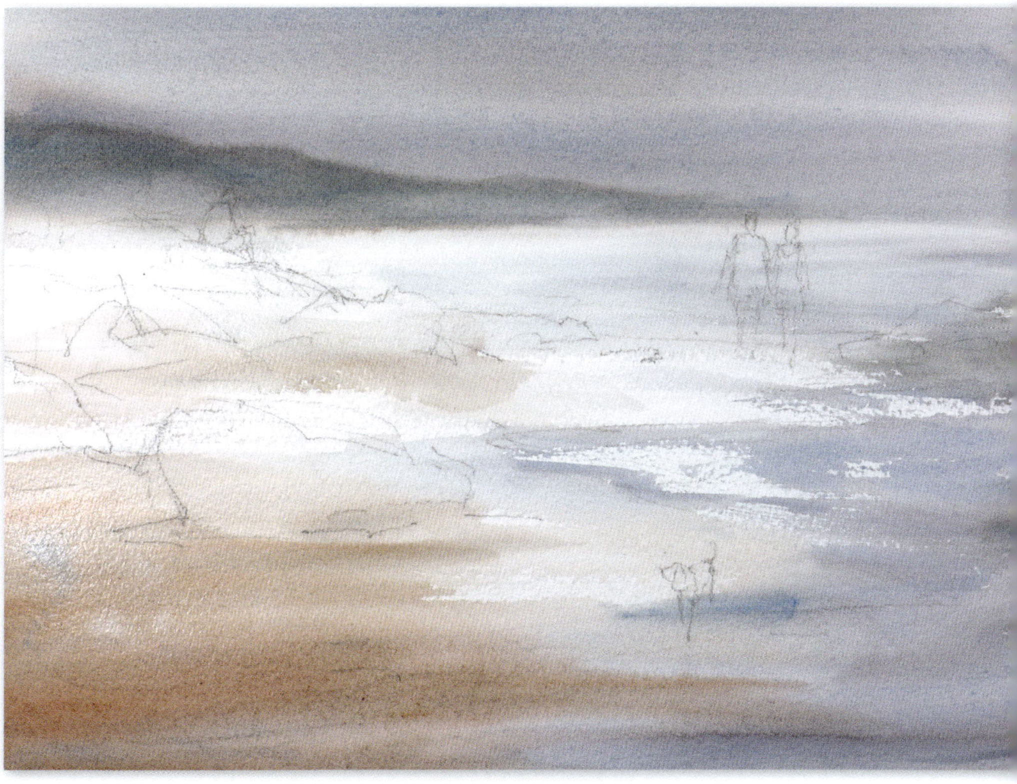

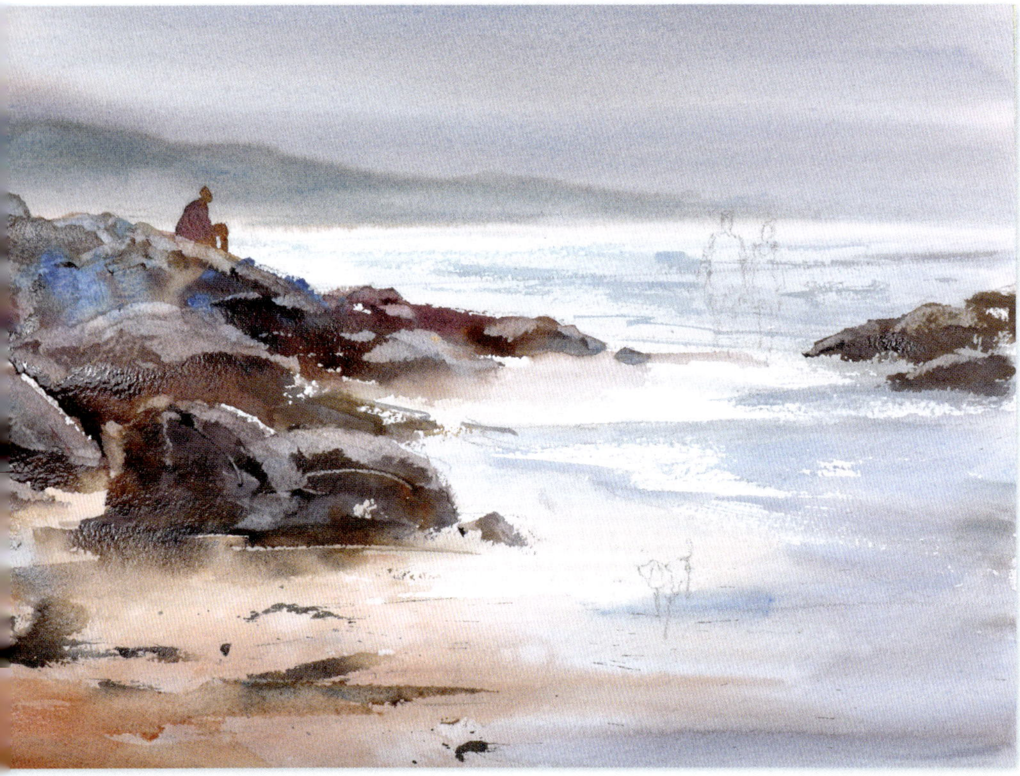

2. Schritt

Auf trockenem Papier geht es weiter. Male die Steine mit allen vier Farben im Wechsel und platziere die sitzende Person. Du brauchst für die richtige Dunkelheit viel Pigment im Pinsel, aber der Pinsel muss feucht genug sein, damit die Farben auf dem Papier ineinanderlaufen können. Wenn man die einzelnen Farben erkennen kann, wirken die Steine lebendiger. Mit dem Malspachtel die Farbe auf den oberen Seiten der Steine wegschieben. Achte darauf, die Steine in Größe, Form und Abstand zu variieren.

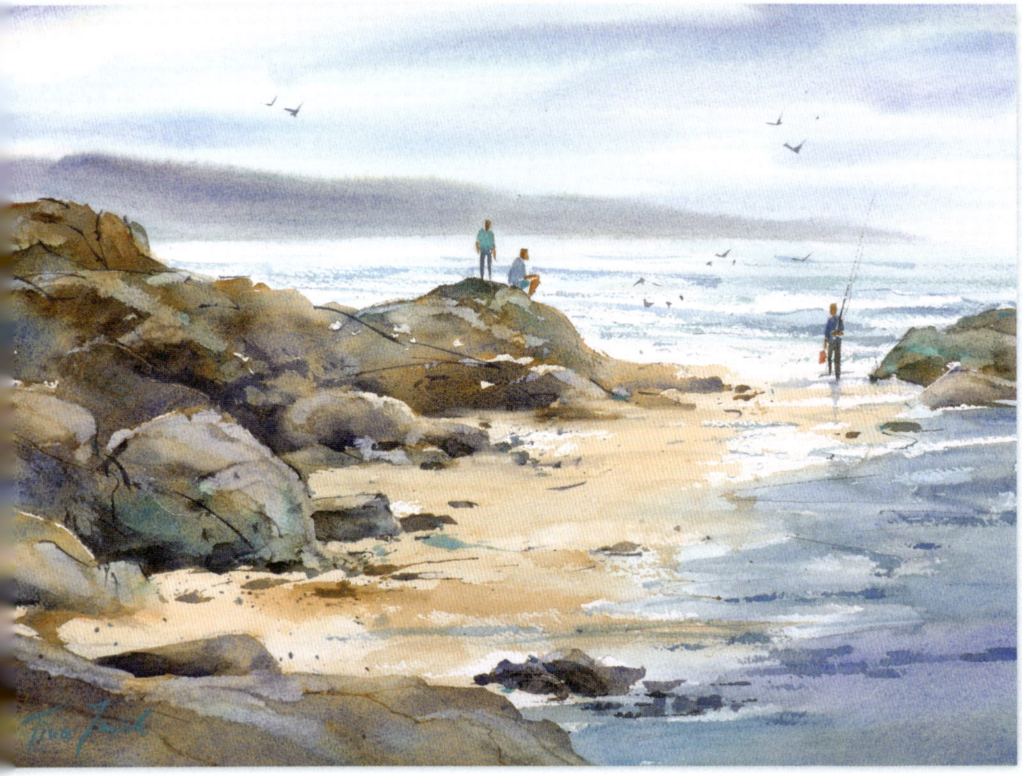

Variante

Bei dieser Variante des Motivs steht der Betrachter auch auf einem Felsen und nicht unten am Strand. Seine Augenhöhe ist also höher. Deshalb befindet sich die Person am Strand unterhalb des Horizontes. Die Personen sind wesentlich kleiner, und dadurch wirken die Steine viel wuchtiger. Die verwendeten Farben sind Französisch Ultramarin, Kobalttürkis, Siena gebrannt und Siena natur. Der Malvorgang und das Ausgangsmotiv sind identisch mit unserem eigentlichen Motiv. Hier fliegen zusätzlich noch ein paar Möwen ins Bild.

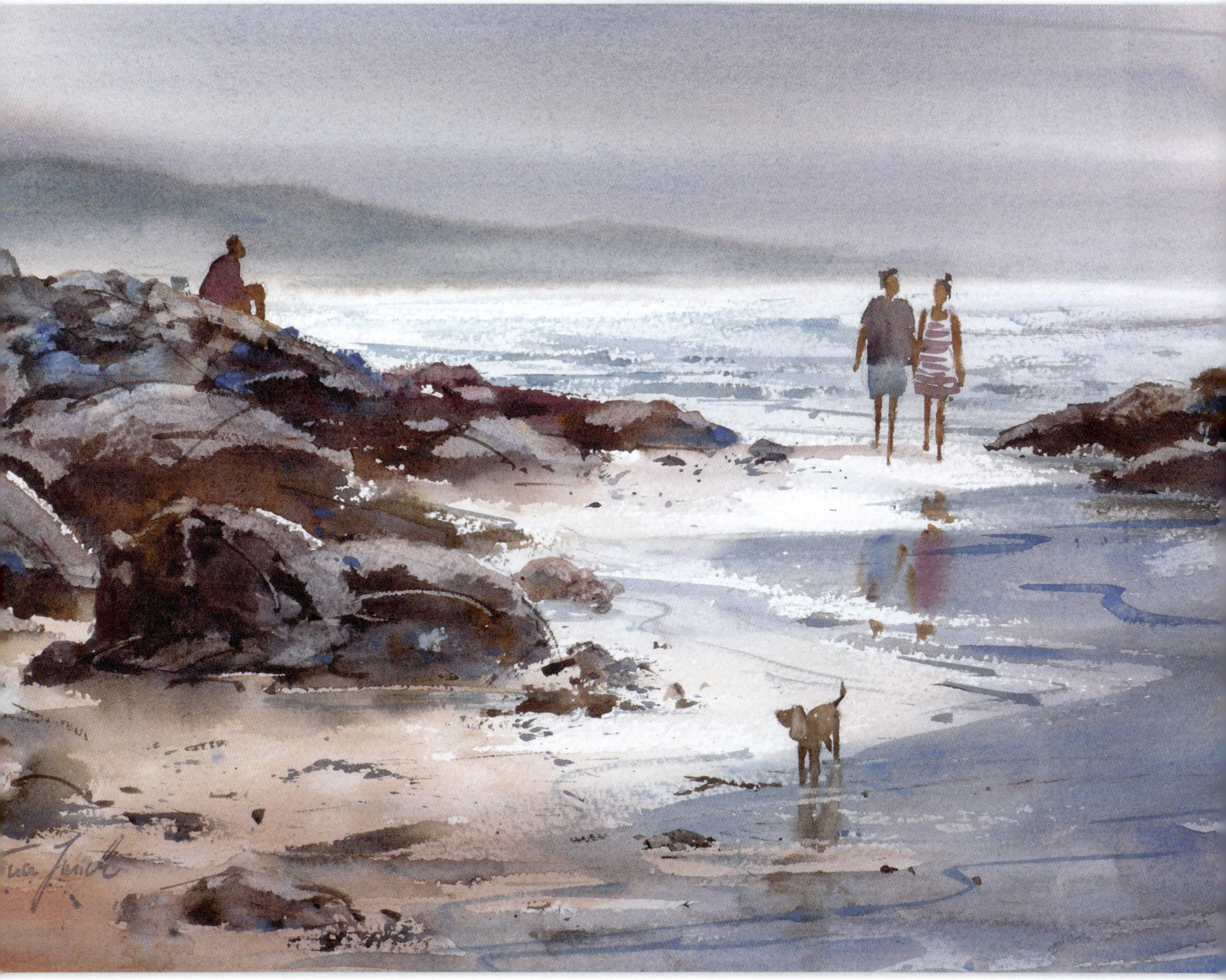

Fertiges Bild

Male die hintere Wellenstruktur mit einem fast trockenen Pinsel und Coelinblau. Jetzt ist es Zeit für die Spaziergänger am Strand. Wenn sie Kleidung in einer der schon verwendeten vier Farben tragen, ist die Farbharmonie im Bild gesichert. Und warum nicht noch einen Hund hinzufügen? Aber entscheide selbst darüber. Male nun das Wasser, das an den Strand schwappt, mit Coelinblau, Alizarin-Karmesin und Französisch Ultramarin. Ist es noch feucht genug, kannst du gleich die Spiegelung der Spaziergänger und des Hundes in die feuchte Farbe laufen lassen. Ist das Wasser zu schnell getrocknet, kannst du es dafür noch einmal anfeuchten. Mit dem Schlepperpinsel ein paar blaue Wellenschwünge vorn ins Wasser setzen und ein paar dunkle Spalten in die Steine malen. Ein paar Spritzer am Strand deuten kleinere Steinchen an und lockern die große Steingruppe zusätzlich auf.

Einzelne Personen im Bild

Gute Freunde

Du brauchst:

Aquarellpapier
Arches Grobkorn, 300 g/m²

Aquarellfarben in
- Coelinblau,
- Preußischblau,
- Siena gebrannt,
- Quinacridongold

Malspachtel

Pinsel s. S. 9

Baut man eine Person in die Komposition ein, muss man zunächst darauf achten, dass sie im Größenverhältnis zu allem anderen im Bild passt. Das heißt, die Figur sollte z.B. durch die Tür passen, neben der sie stehen soll, aus dem Fenster jeder Etage eines Hauses sehen können oder in ein ins Bild gemaltes Auto einstiegen können, ohne sich den Kopf zu stoßen. Der Folientrick (S. 67) ist hierbei immer eine sehr gute Hilfe, um unstimmig wirkende Figuren zu vermeiden.
Eine unscheinbare Wellblechhütte am Straßenrand irgendwo in Frankreich - ein sonniger Sommertag, ein Strommast, ein paar Pfosten, viele Bäume im Hintergrund und eine schnurgerade Straße. Sicherlich könnte man die Vorlage so übernehmen, aber es ist auch möglich, die Geschichte etwas persönlicher zu gestalten.

Tipp: Ich ziehe um meine Tonwertskizzen immer einen Rahmen. Das nenne ich mein „psychologisches Passepartout". Es hilft mir, die Formen besser in der Bildfläche anzuordnen. Außerdem bietet es die Möglichkeit, den Bildausschnitt zu vergrößern oder zu verkleinern. Ähnlich funktioniert der Klebebandrand auf dem Aquarellpapier. Probiere es einmal aus, und du wirst feststellen, dass es mit dem Rahmen viel einfacher ist, besonders große Formen in der richtigen Relation darzustellen.

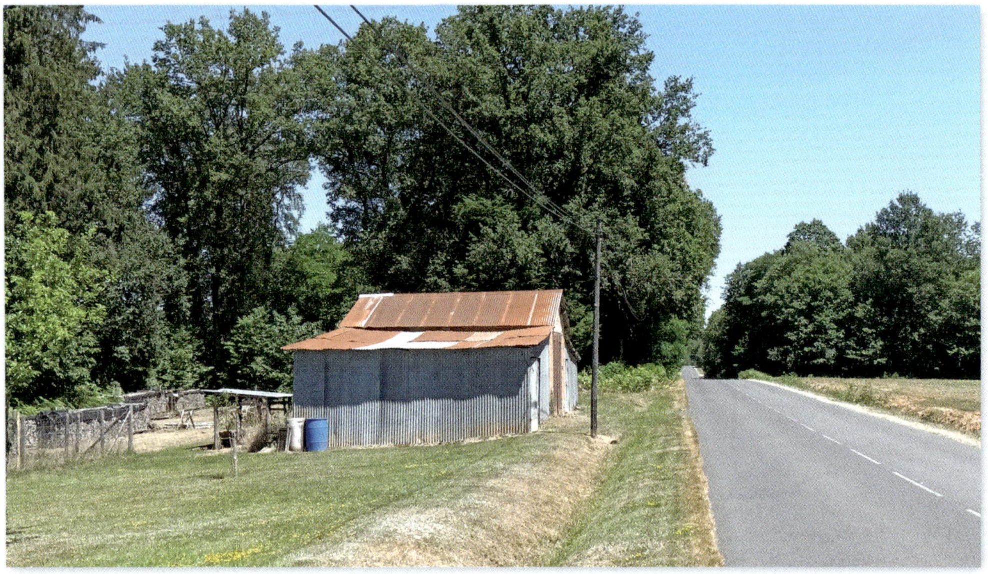

Motiv-Vorlage
Neben den Figuren sollte auch der Rest der Komposition gut durchdacht werden. Woher kommt das Licht und wohin fallen die Schatten? Wie dunkel müssen die Bäume im Hintergrund sein, um die Hütte ins rechte Licht zu setzen? Wohin mit dem Strommast, und wie hoch soll er sein? Mit oder ohne Straße? Kleine oder große Hütte? Es gibt viele Fragen, die du dir zur Findung deiner eigenen Bildgeschichte stellen kannst. Die Antworten kennst nur du.

Tonwertskizzen

Um ein klares Konzept für das Aquarell zu bekommen, sind die Tonwertskizzen meist unumgänglich. Es zeigt sich sofort, ob das Bild in Balance ist oder nicht. Oft bleibt es nicht bei einer Skizze, gibt es doch unzählige Möglichkeiten. Bist du mit der ersten Skizze bereits zufrieden, kannst du mit dem Aquarell loslegen. Wenn nicht, probiere weiter aus, wo die Figuren am besten hinpassen und wie viele es sein sollen. Es kann statt des alten Mannes mit Hund auch ein verliebtes Pärchen oder eine ganze Wandergruppe die Straße entlanggehen. Die Umsetzung der unteren Tonwertskizze findest du unter dem Vorwort auf Seite 7.

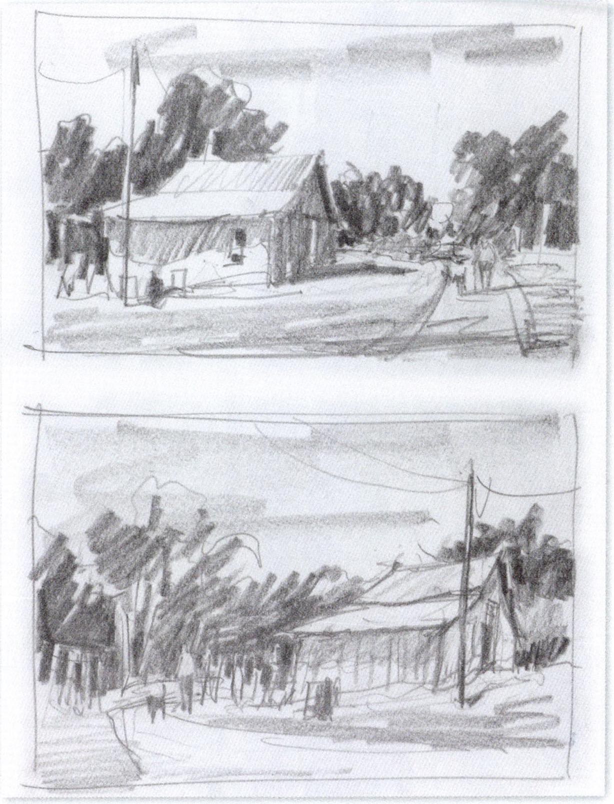

1. Schritt

Bereite auf deiner Palette zwei Pfützen vor, eine mit Preußischblau und Coelinblau für den Himmel und die andere mit Coelinblau und etwas Siena gebrannt für die Schatten der Wolken. Beginne mit der Blaumischung und genug Wasser auf trockenem Papier den Himmel zu malen und lege die Graumischung dazwischen. Die Farbe darf auch in die Hütte laufen. Hier und da das weiße Papier für das Weiß der Wolken stehen lassen. Die Farben unten auf dem Weg und in der Tonne an der Hütte wiederholen.

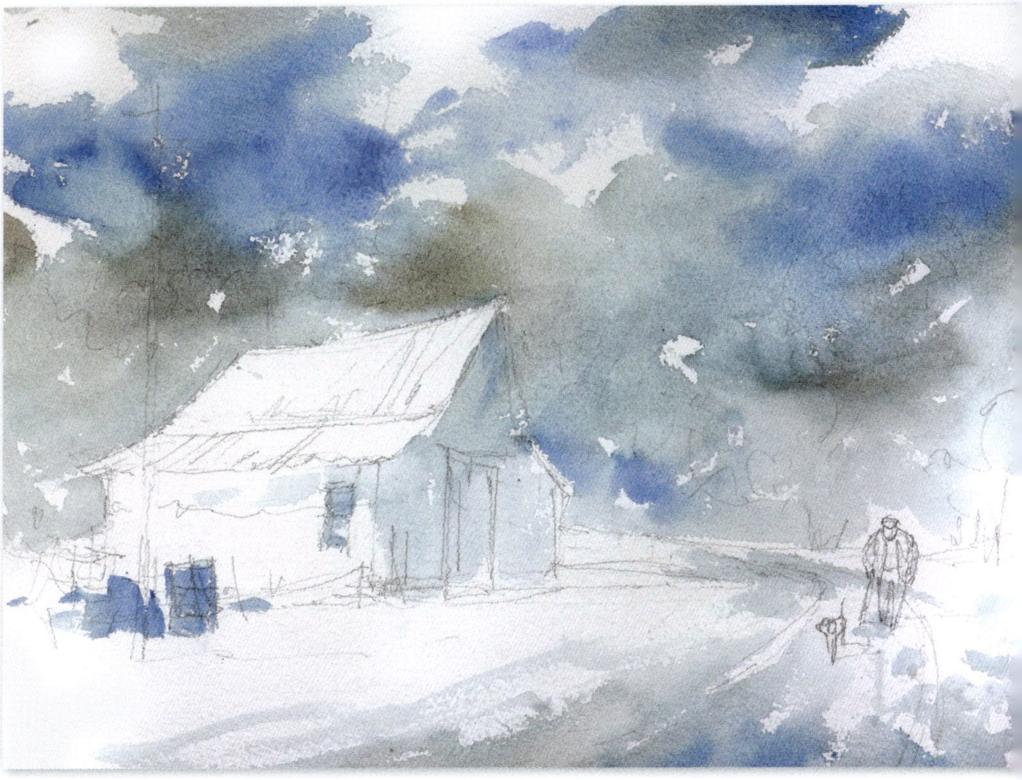

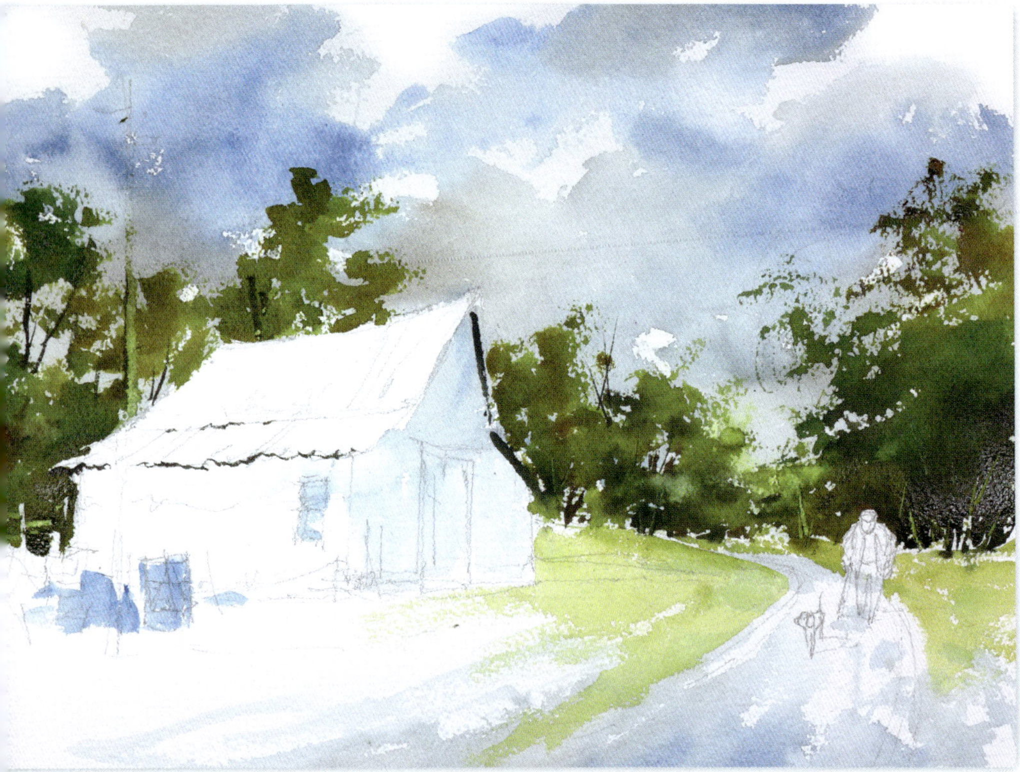

2. Schritt

Auf wieder trockenem Papier geht es weiter mit einer Grünmischung aus Preußischblau und Quinacridongold. Mische die beiden Farben mehr auf dem Papier als auf der Palette. Lasse Lücken zwischen den Laubbüscheln, damit man die Wolken hindurchsehen kann, und spare die Silhouette des alten Mannes aus. Das Grobkorn-Papier kommt dir bei der Gestaltung der Laubstruktur entgegen. Falls du nicht den richtigen Moment für das Auskratzen der hellen Stämme erwischst, kannst du sie auch dunkel malen.

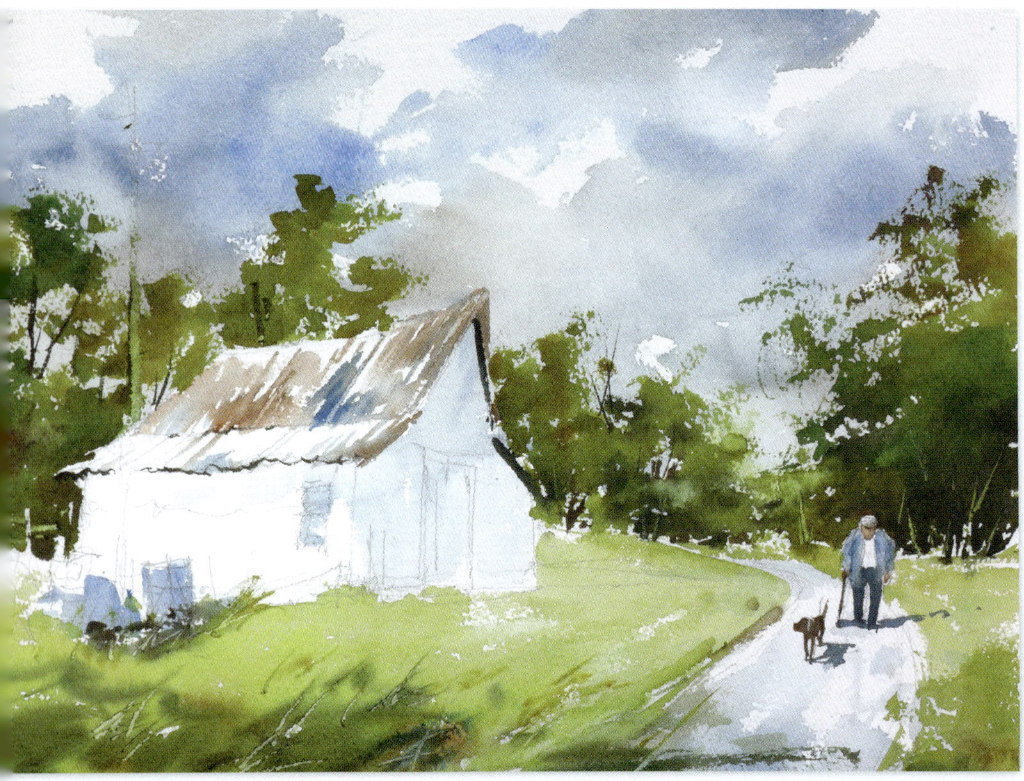

3. Schritt

Siena gebrannt und Coelinblau ergeben eine schöne Farbe für das rostige Dach. Die dunkle Kante unterhalb verstärkt den Wellblechcharakter. Der alte Mann trägt eine coelinfarbene Jacke und eine Hose in Preußischblau, passend zum Rest des Bildes. Nimm Siena gebrannt für das Gesicht, die Punkte der Hände, den Stock und den Hund. Die Grünmischung der Bäume findet sich im Gras wieder, vorn dunkler, nach hinten heller werdend. Einige Gräser mit dem Spachtel in das noch leicht feuchte Papier kratzen.

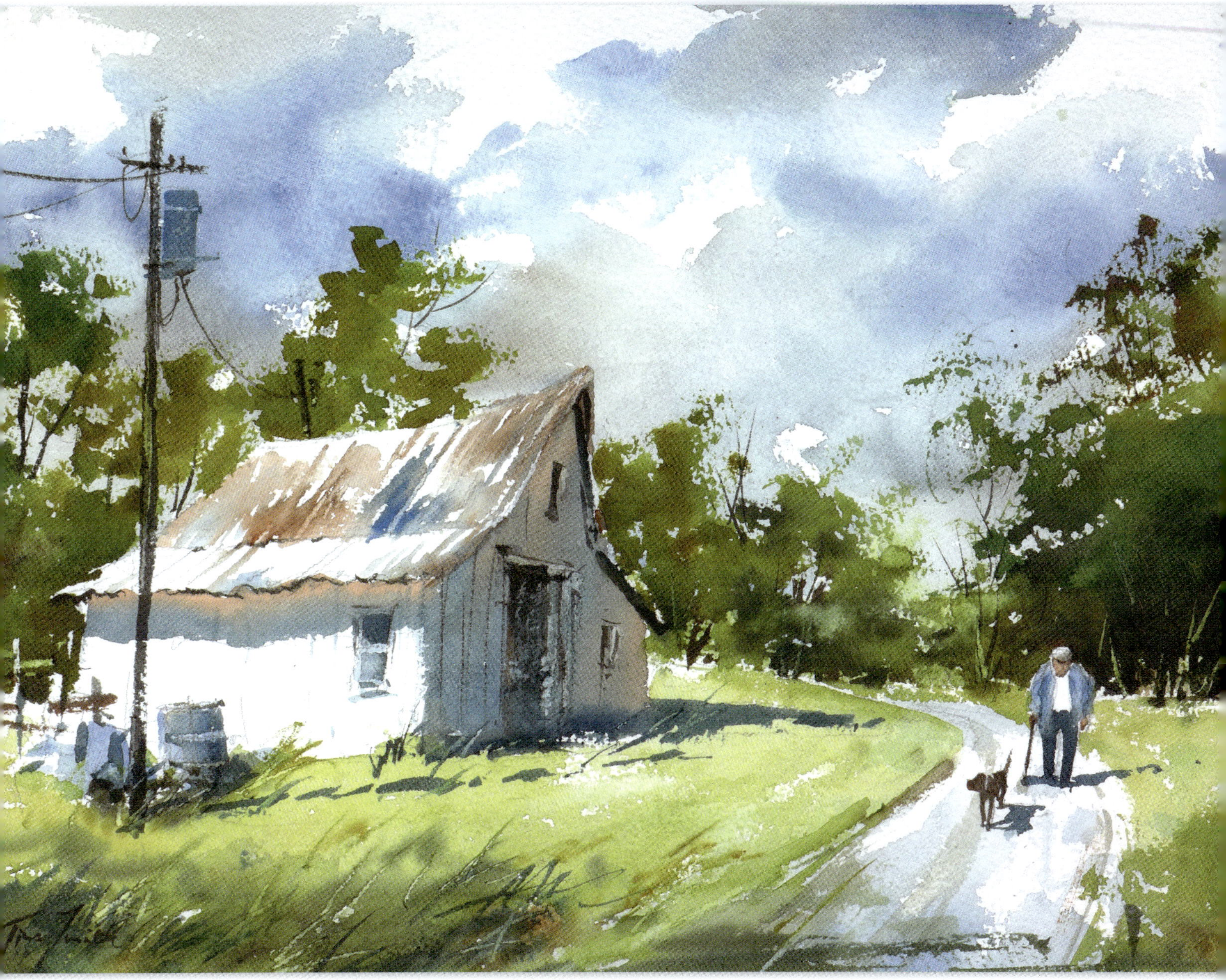

Fertiges Bild

Zum Schluss folgen die Schatten aus einer Mischung aus Preußischblau und Siena gebrannt. Auch hier die beiden Farben auf dem Papier ineinanderlaufen lassen und nicht auf der Palette zu einem Einheitsgrau vermischen. Zuerst Siena gebrannt unter den Dach-Überhang legen und gleich das Preußischblau unten ansetzen, damit ein weicher Übergang entsteht. Den Schatten der rechten Scheunenseite direkt in die Wiese fortführen. Wenn nicht schon im letzten Schritt passiert, dem Mann und seinem besten Freund einen Schatten geben. Mit dem Schlepper den Mast einziehen sowie die Stromleitungen mit einem Schwung aus dem Handgelenk aufhängen. Hier und da die letzten Details einfügen, wie die Fenster, die Tür, Bretterspalten an der Scheunenwand und einige Gräser. Vielleicht passt links noch ein kleiner Zaun ins Bild, aber achte darauf, dass es nicht zu überladen wirkt.

Der Fliegenfischer

Du brauchst:

Aquarellpapier
Arches Feinkorn, 300 g/m²

Aquarellfarben in
- Preußischblau,
- Siena natur,
- Siena gebrannt,
- Quinacridongold

Malspachtel

Pinsel s. S. 9

Bei diesem Motiv ist alles erfunden. Auf meinen vielen Wanderungen komme ich hin und wieder an Bächen und kleinen Flüssen vorbei. Manchmal steht auch ein Angler um Ufer. Leider steht er nie dort, wo man ihn gerne im Foto hätte. Das ist das Praktische an der Malerei: Man kann sich alles so „zurechtrücken", wie man es gerade braucht!

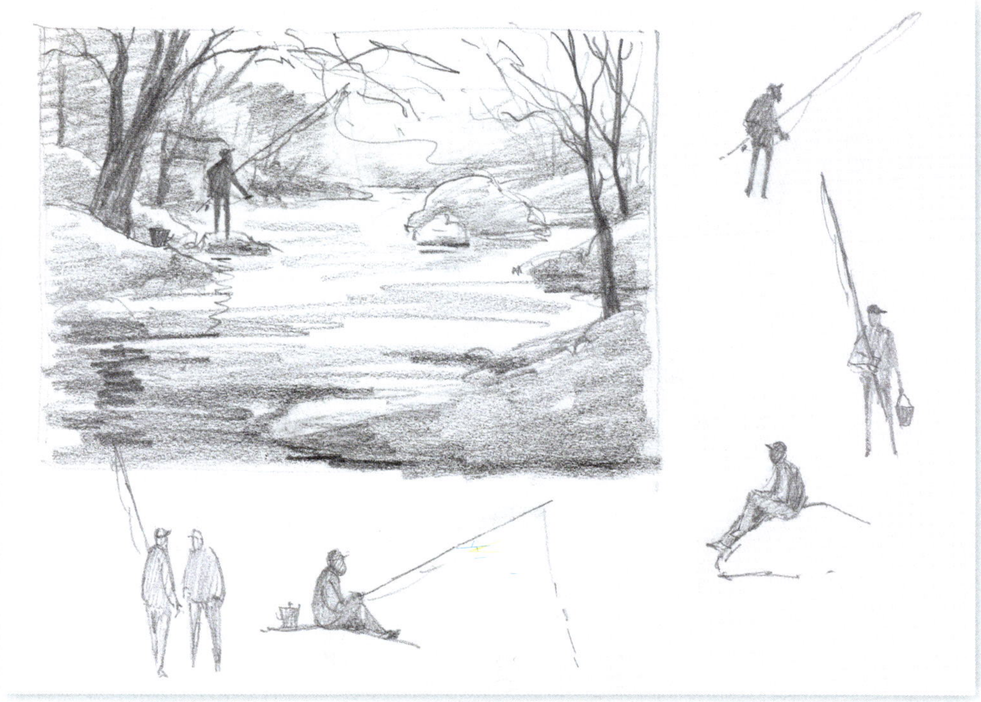

Tonwertskizze

Ohne eine Person im Bild wäre die Komposition weniger interessant, und da meist gerade die Menschen den Punkt des Interesses bilden, müssen sie gut platziert werden. Die Haltung des Fischers oben rechts hat mir für dieses Bild am besten gefallen. Vielleicht möchtest du aber lieber einen der anderen Fischer in dein Aquarell einbinden, oder dir kommt eine ganz neue Idee. Für die Tonwertskizze lege das hintere Ufer des Flusses im oberen Drittel des Bildes so an, dass die Wasserfläche dominiert. Versuche, die Steine- und Flussränder in ihrer Form, ihrer Länge und Höhe sowie in ihren Abständen zueinander zu variieren. Denke an die Perspektive: Objekte im Vordergrund sind größer und werden in der Distanz kleiner. Das gilt für die Steine und auch für die Bäume in diesem Bild. Wo soll dein Fischer sitzen oder stehen?

1. Schritt

Feuchte den Teil oberhalb des hinteren Flussufers an und trage etwas Siena natur auf. Male mit Preußischblau und Siena natur die Silhouetten der Tannen auf das noch feuchte Papier. Die Farbe muss dabei sehr pastos sein, damit keine Rückläufe entstehen. Gib dann mehr Siena natur und auch Quinacridongold dazu, je weiter du nach vorn kommst. Lasse immer eine der drei Farben etwas mehr dominieren, um ein lebendiges Grün zu erhalten. Auch ein paar weit entfernte Stämme dürfen hier schon gemalt werden.

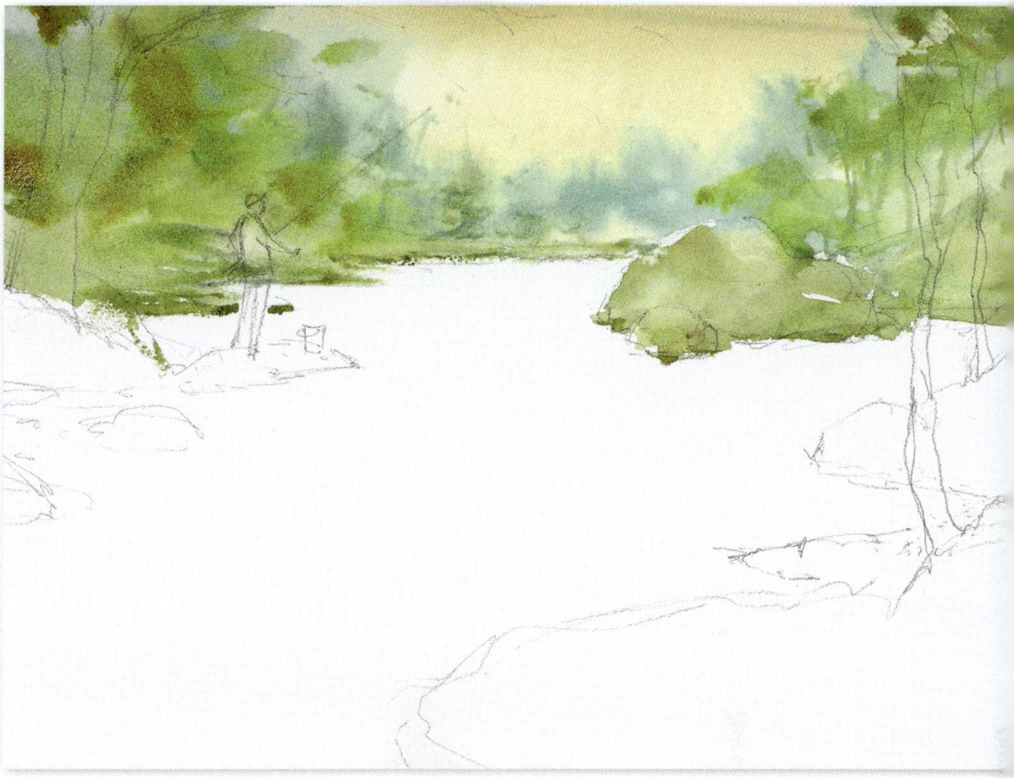

2. Schritt

Mit wenig Preußischblau und wenig Wasser im Pinsel male den hinteren Teil des Flüsschens. Lasse dabei hier und da etwas Weiß stehen, so erscheint das Wasser bewegter. Nimm mit dem Pinsel mehr Farbe und mehr Wasser auf, je weiter du nach vorn kommst. Hier darf auch etwas Siena natur dazukommen, besonders unten rechts am Flussufer. Wasser ist farblos und spiegelt immer die Farben der Umgebung wider, und auch im Bild brauchen wir die Wiederholung der Farbe für die Harmonie.

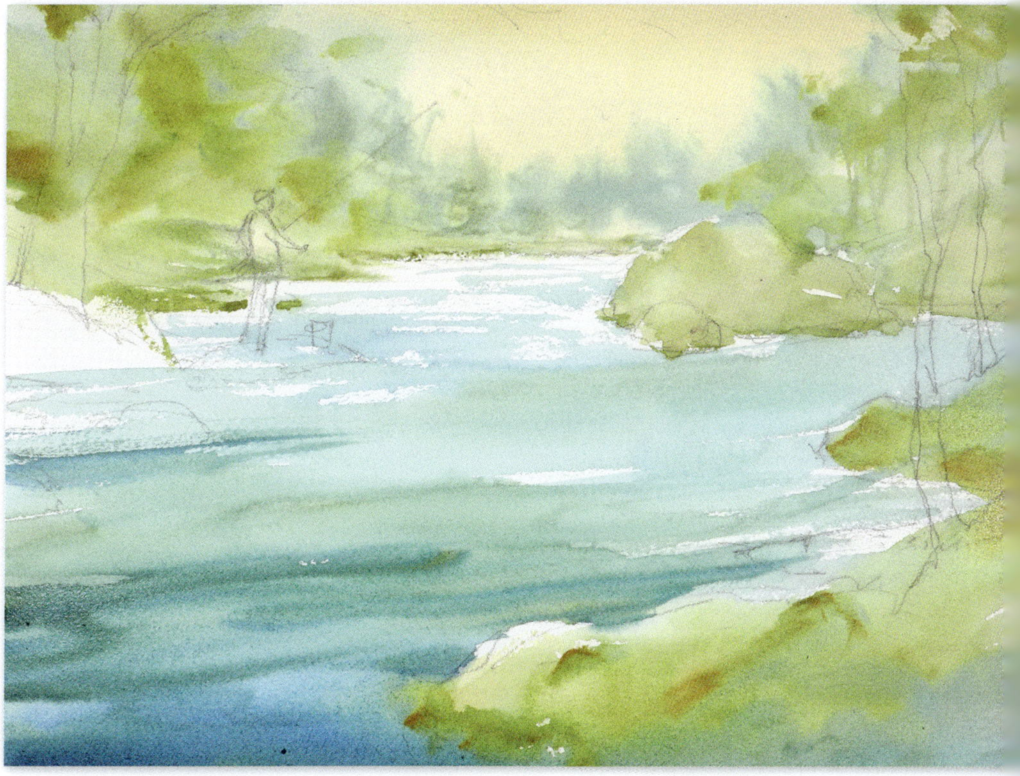

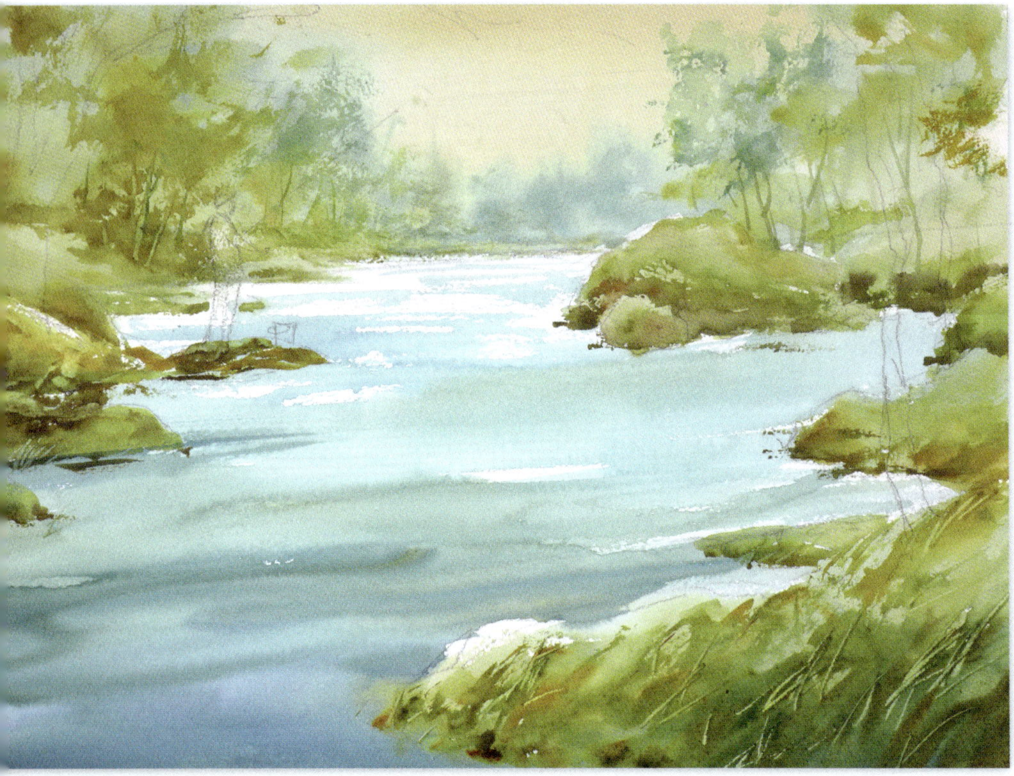

3. Schritt

Mit noch mehr Farbe und weniger Wasser im Pinsel male die Flussufer. Für die unteren Bereiche des Ufers darf noch Siena gebrannt dazukommen, die Dunkelheit gibt den Landzungen Tiefe. Ziehe den Pinsel mit seiner Seite über das Papier, um die Struktur für das Laub zu erhalten. Der richtige Moment für das Kratzen der Gräser mit dem Malspachtel ist, wenn der Glanz der Feuchtigkeit gerade weg, aber das Papier noch nicht trocken ist.

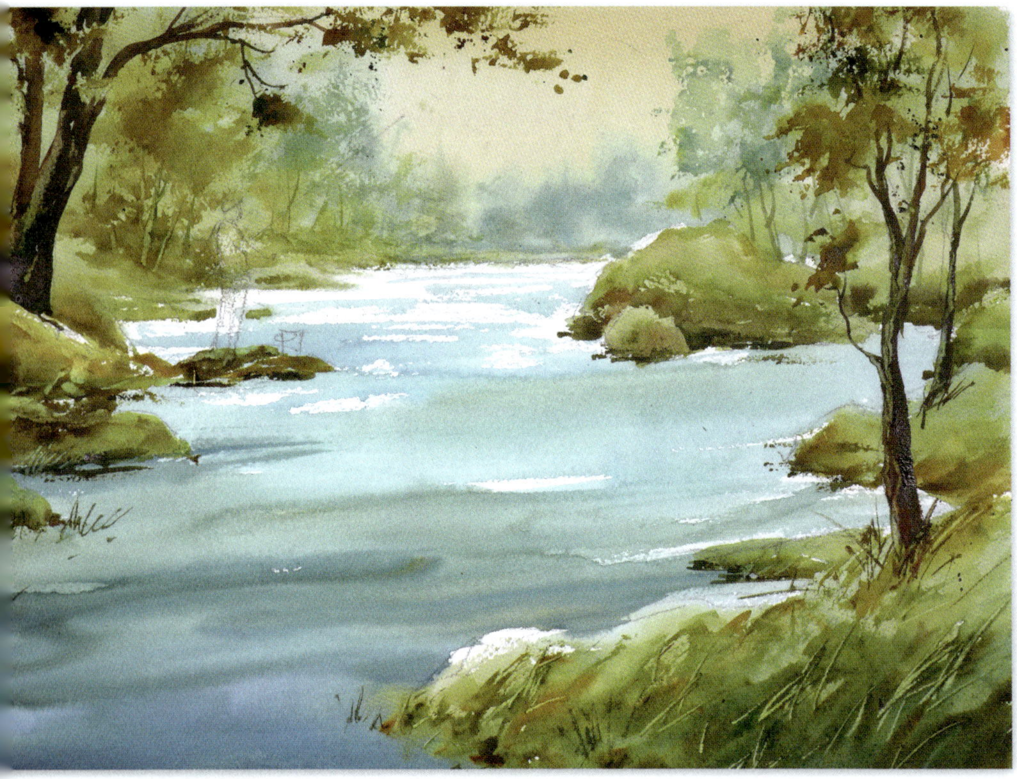

4. Schritt

Nun mit Preußischblau und den beiden Gelbtönen die Farbe für das Laub der vorderen Bäume mischen und variierte Blätterbüschel malen. Für die Stämme eine kräftige Mischung aus Preußischblau mit Siena gebrannt verwenden. Wieder darf mehr die eine und dann wieder die andere Farbe hervortreten. Mit dem Malspachtel Rindenstruktur in die noch feuchte Farbe kratzen. Achte darauf, dass die Büschel auch an den Ästen hängen.

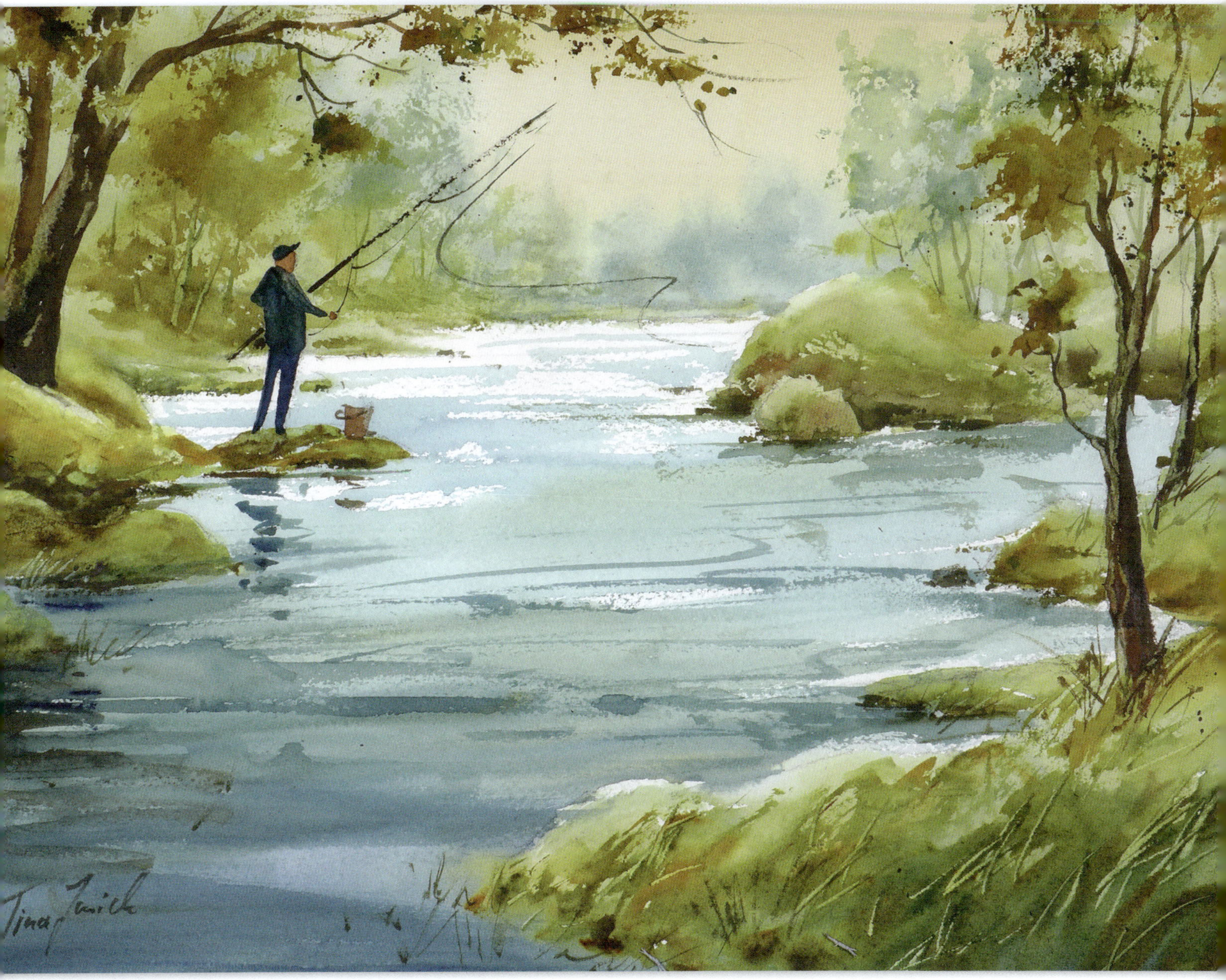

Fertiges Bild

Bringe jetzt deinen Angler in Position. Er muss so dunkel gemalt werden, dass man den Hintergrund nicht durch ihn hindurchsieht. Die Angel mit dem Schlepper und einem flotten Pinselstrich aus dem Handgelenk malen. Wenn du dir unsicher bist, übe den Schwung erst auf einem separaten Blatt des gleichen Papiers. Du kannst dem Fischer einen Eimer zur Seite stellen oder ein paar schon gefangene Fische neben ihn legen. Male dann mit zügigem Pinselstrich die Spiegelung des Fischers, des Felsens auf der rechten Seite und die des großen Baumes links. Sollten die Bäume in deinem Bild anders gewachsen sein, passe deine Spiegelungen dementsprechend an. Hier und da noch ein paar Gräser malen und eventuell einige, kleine Äste ergänzen. Ein paar Farbspritzer mit dem Pinsel lockern die Laubbüschel auf oder können Blumen in der Wiese andeuten.

Glückliche Hühner

Du brauchst:

Aquarellpapier
Arches Feinkorn, 300 g/m²

Aquarellfarben in
- Siena natur,
- Siena gebrannt,
- Kadmiumrot,
- Französisch Ultramarin

Malspachtel

Pinsel s. S. 9

Eine typische fränkische Scheune in einem kleinen Dorf nicht weit von meinem Wohnort. Wieder ein ideales Motiv, um die zu erzählende Geschichte mit Menschen zu ergänzen und dem alten Hof mit ein wenig Fantasie neues Leben einzuhauchen. Die Bretterwand hat zwar eine schöne Patina und kann interessant wirken, wenn man nur mit Farbe und Tonwerten spielt, aber warum nicht einen Bauern mit Hühnern ins Spiel bringen? Es könnte auch jemand an dem kaputten Dach arbeiten, Rasen mähen oder das Holz streichen.

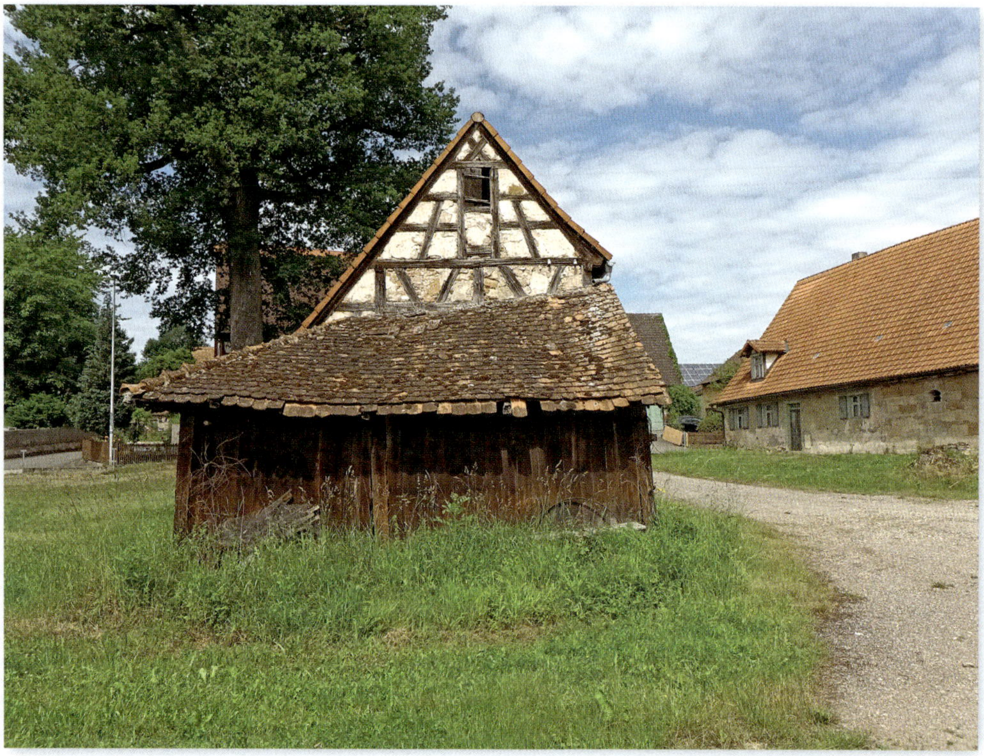

Motiv-Vorlage

Versuche doch einmal, die Dinge im Bild anders anzuordnen. Du kannst z.B. den Baum weiter nach links pflanzen, die Türöffnung anders gestalten, dem Fenster eine andere Form geben, den Misthaufen nach rechts setzen oder die anderen Häuser in den Hintergrund malen. Vielleicht kommt der Nachbar gerade zu Besuch oder die Bauersfrau kommt hinzu. Ich bin sicher, dir kommen noch ganz andere kreative Ideen für deinen Bauernhof.

Tonwertskizze

Überlege dir in der Skizze die beste Position für deinen Bauern. In diesem Fall hebt er sich hell gekleidet vor dem dunklen Innenraum der Scheune ab. Die Beine sind dagegen wieder heller gegen einen helleren Hintergrund. Welche Stimmung möchtest du einfangen? Scheint die Sonne und wenn ja, aus welcher Richtung kommt sie? Soll der Baum mehr Laub bekommen und ein frischeres Frühlingsgrün oder magst du doch lieber die herbstliche Stimmung? Und statt der Hühner könnte auch eine Katze vor der Scheune sitzen. Hast du noch weitere kreative Ideen?

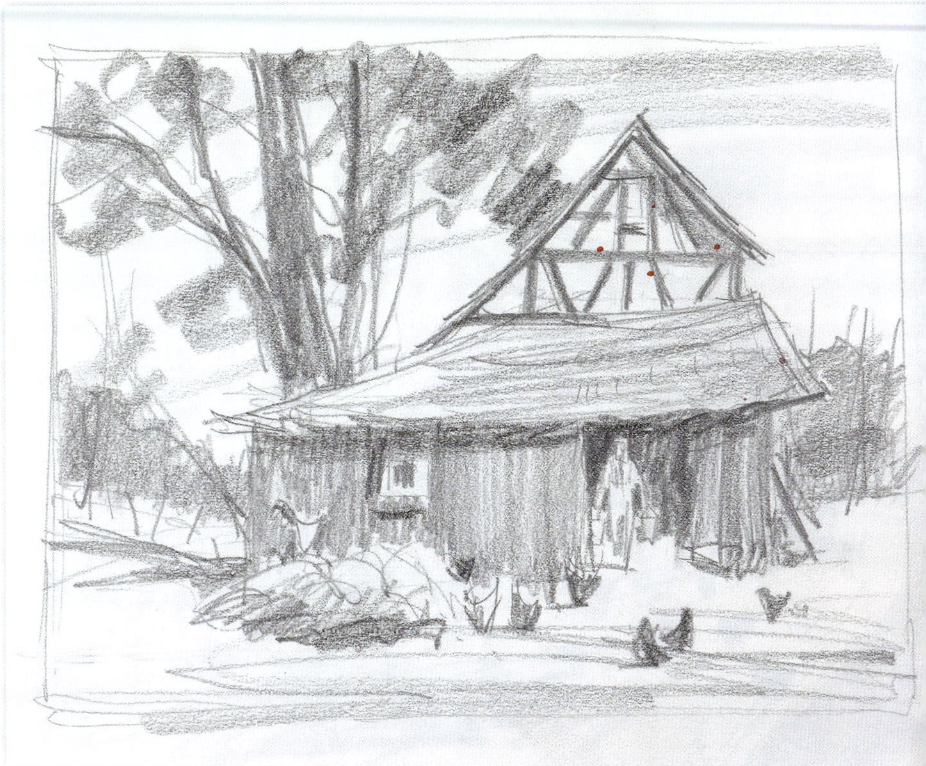

1. Schritt

Feuchte den Himmel mit klarem Wasser an. Lege nun Siena natur und Französisch Ultramarin nebeneinander in der Himmelsfläche an. Mische dann beide Farben auf der Palette zusammen und male mit dem Grün die Bäume in den noch feuchten Hintergrund. Hierbei muss die Farbe auf dem Pinsel trockener sein als das Papier. Mit Siena natur eine Grundierung in den Innenraum der Scheune legen und den Misthaufen andeuten. In die noch leicht feuchte Farbe des Himmels mit dem Malspachtel einige Stämme und Äste kratzen.

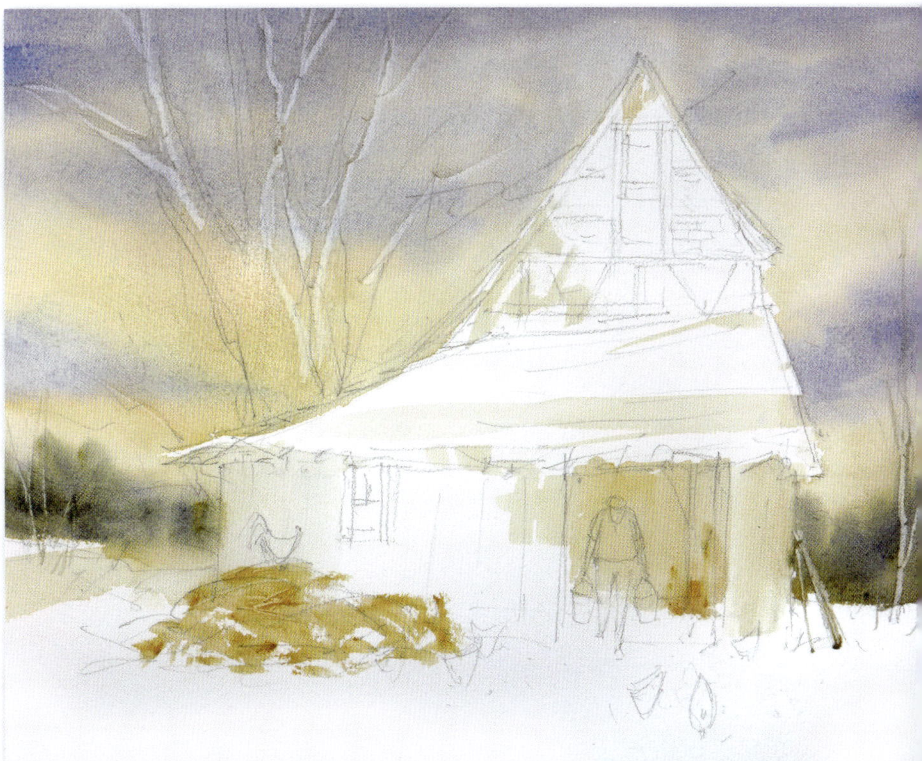

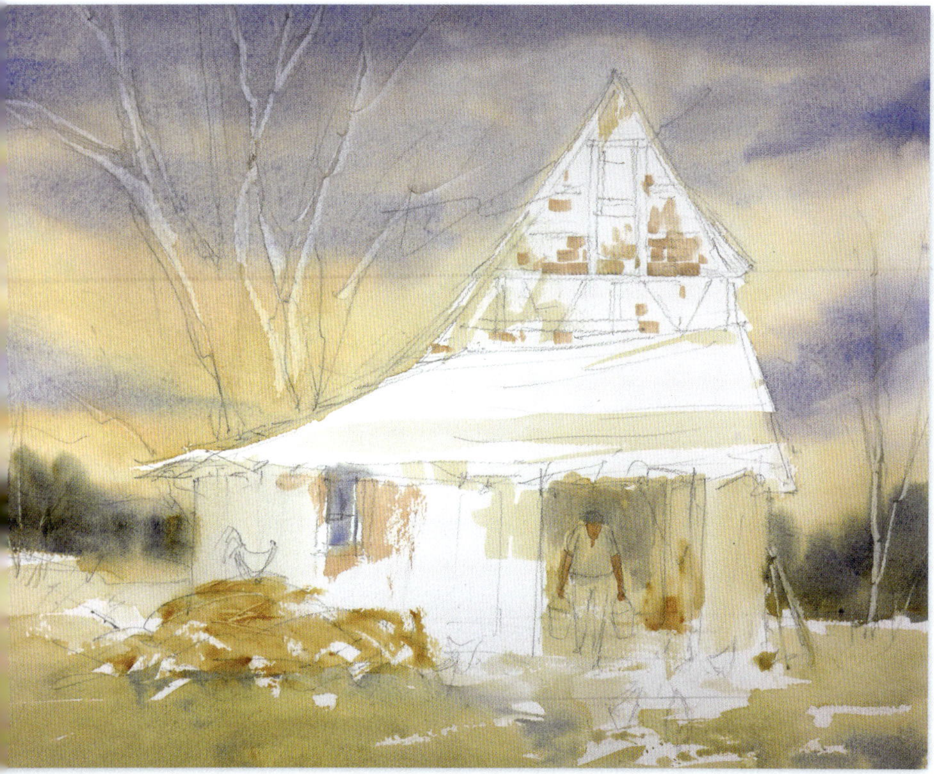

2. Schritt

Im Vordergrund wieder Siena natur und Französisch Ultramarin locker ineinanderlaufen lassen und ein paar Spritzer aus dem Pinsel schütteln. Einige Steine im Mauerwerk und das Fenster in der Bretterwand andeuten. Dem Bauer eine Mütze in Französisch Ultramarin aufsetzen. Die Farbe seiner Mütze darf an dieser Stelle noch nach oben auslaufen, sie wird erst später mit der Dunkelheit definiert.
Sein Gesicht und seine Arme mit Siena gebrannt malen.

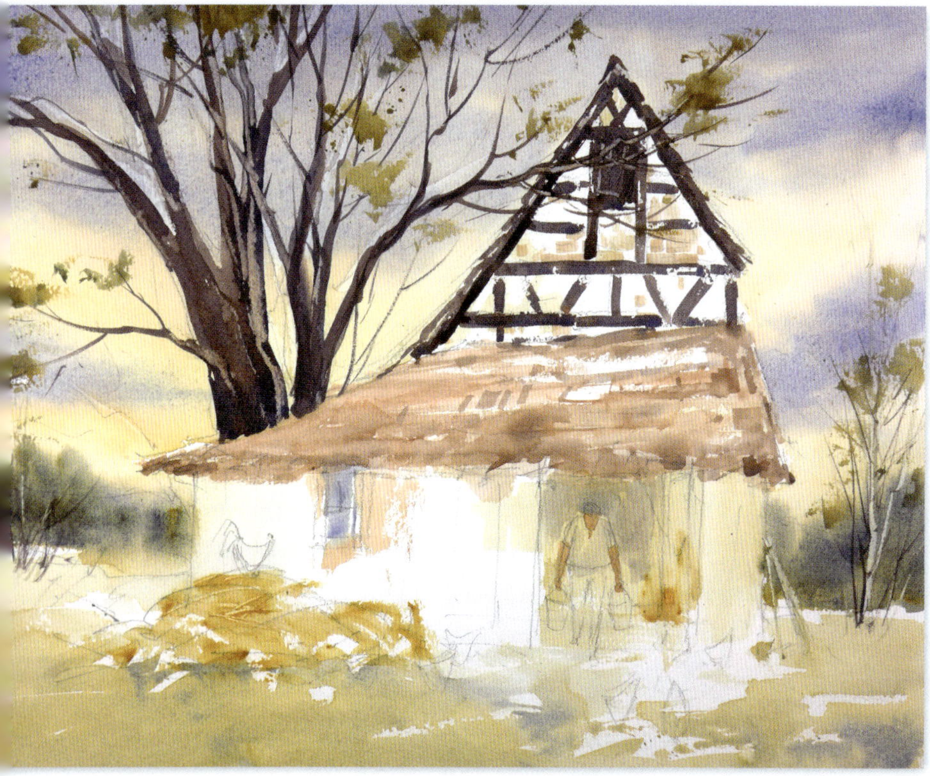

3. Schritt

Lege das vordere Dach mit Siena natur und Siena gebrannt an. Französisch Ultramarin und Siena gebrannt ergeben ein lebendiges Braun für das Fachwerk des Giebels mit seinem Dach und für die Bäume. Kratzer in der noch feuchten Farbe des großen Baumes deuten die Rindenstruktur an. Setze mit Siena natur gemischt mit Französisch Ultramarin hier und da ein paar Laubbüschel in die Äste. Benutze für die kleinen Bäume und feinen Äste den Schlepperpinsel und male sie in Wuchsrichtung, also von unten nach oben.

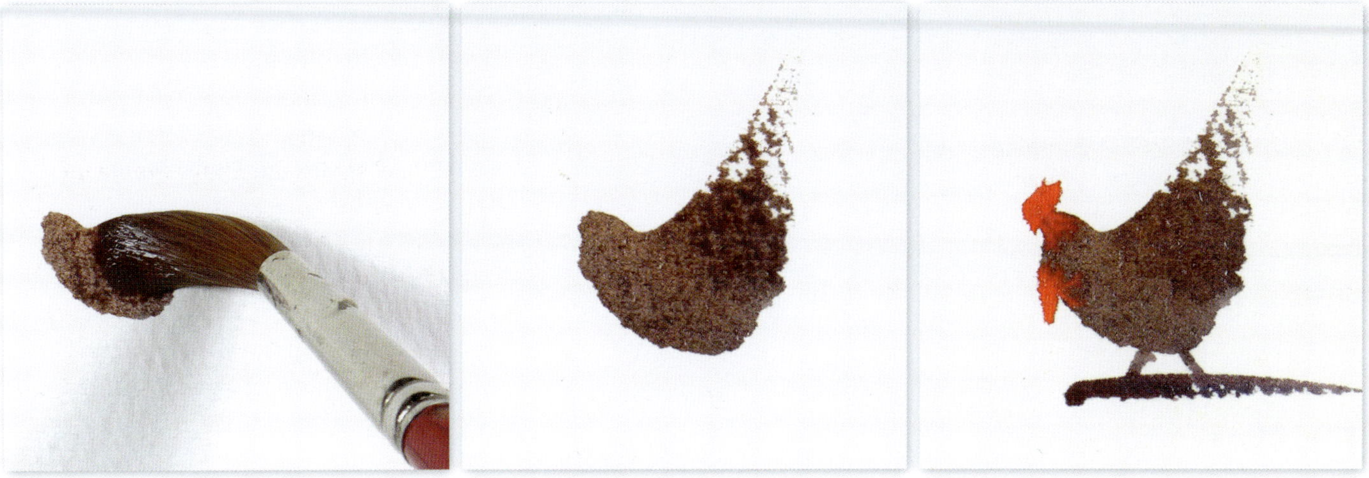

Der Hühnerschwung

Für den Hühnerschwung brauchst du einen Rundpinsel etwa in Größe 10. Es kommt darauf an, wie groß deine Hühner sein sollen. Bei kleineren Hühnern einen dementsprechend kleineren Pinsel wählen. Der Pinsel muss eine gute, aber nicht zu lange Spitze haben. Nimm mit dem Pinsel viel Farbe auf. Setze ihn mit der Spitze in einem Winkel von 90° von oben auf das Papier, drücke ihn dann nach unten und drehe ihn mit einem flotten Schwung nach rechts oben weg. Den Strich nicht zu lang ziehen, sonst werden deine Hühner zu dünn und zu lang. Nur den Pinsel kurz nach unten drücken und gleich wieder anheben. Das Ganze geht natürlich auch in die andere Richtung. Für Rechtshänder ist der Schwung nach links meist etwas schwieriger. Setze mit Kadmiumrot den Kamm oben aufs Köpfchen und deute mit einem kleinen Farbklecks den Kehllappen an. Zwei Striche als Füßchen setzen und mit einem flachen Schattenstrich das Huhn erden. Beachte dabei, woher die Sonne in deinem Bild kommt und in welche Richtung der Hühnerschatten fallen soll. Übe den Schwung so oft, bist du dir sicher genug bist, ihn in dein Bild zu setzen.

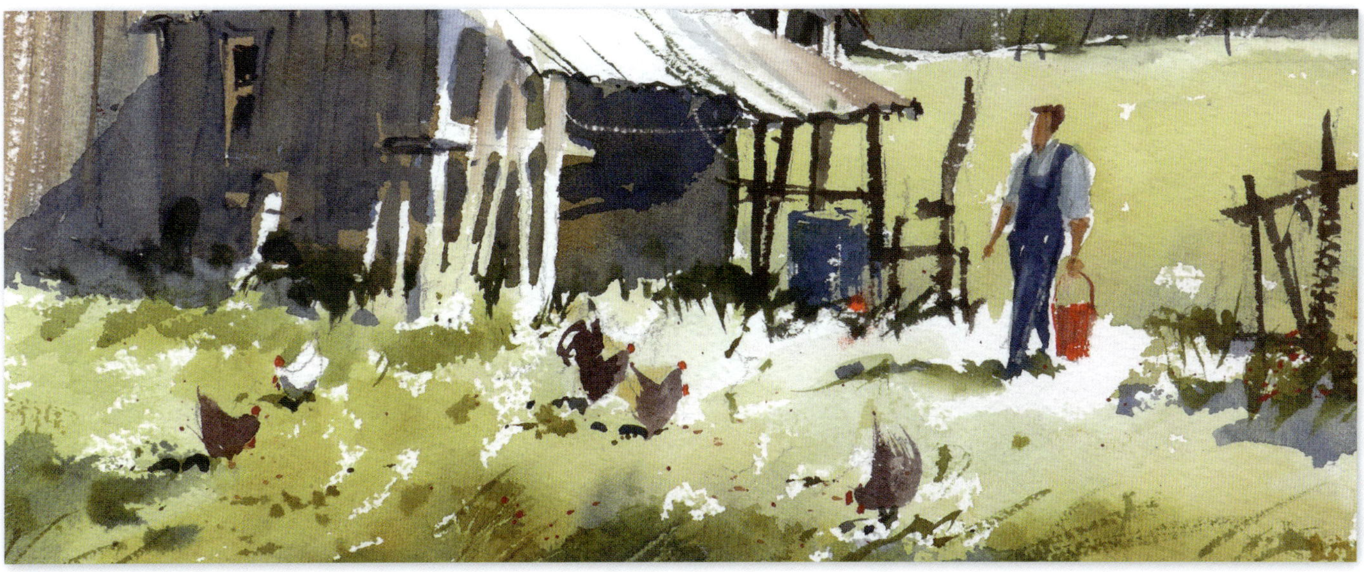

Hier ein weiterer Bauer aus einem anderen Bild. Ich habe wohl eine Schwäche für blaue Latzhosen und rote Eimer.

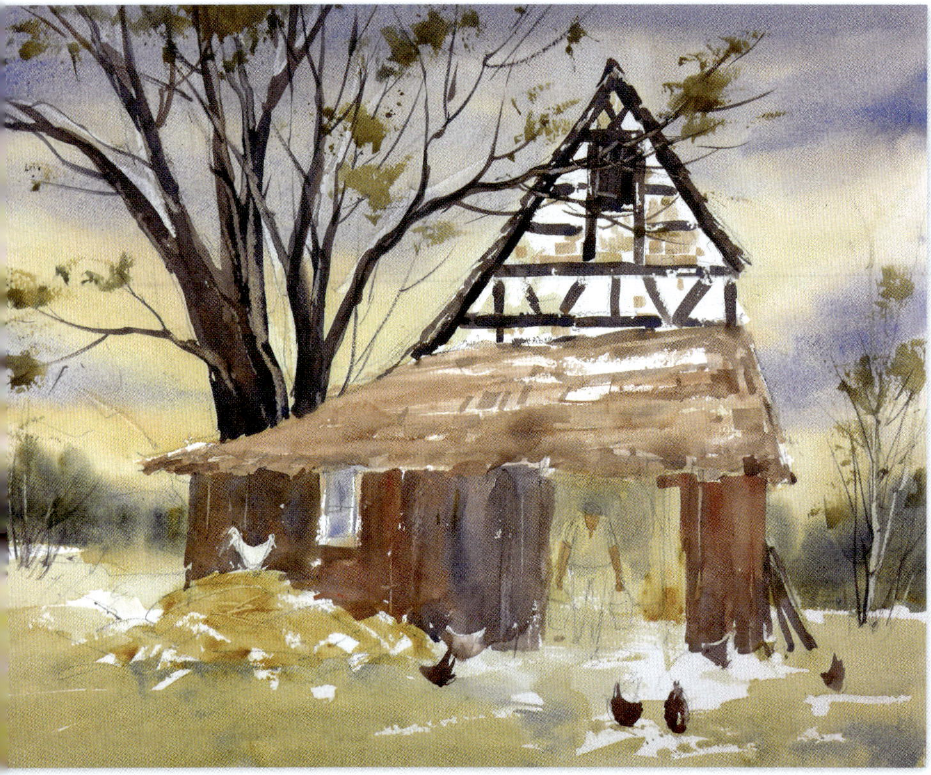

4. Schritt

Nimm für die Bretterwand Französisch Ultramarin, Kadmiumrot und Siena gebrannt in unterschiedlichen Anteilen, sodass immer eine Farbe dominiert. Male damit um den Misthaufen mit dem Hahn darauf, um die Hühner unten neben dem Eingang und um das Fenster herum. Sollte ein Huhn dabei verschwinden, kannst du es später auch dunkler vor die Bretter malen. Aber gerade das Wechselspiel von hell und dunkel macht das Bild interessanter.

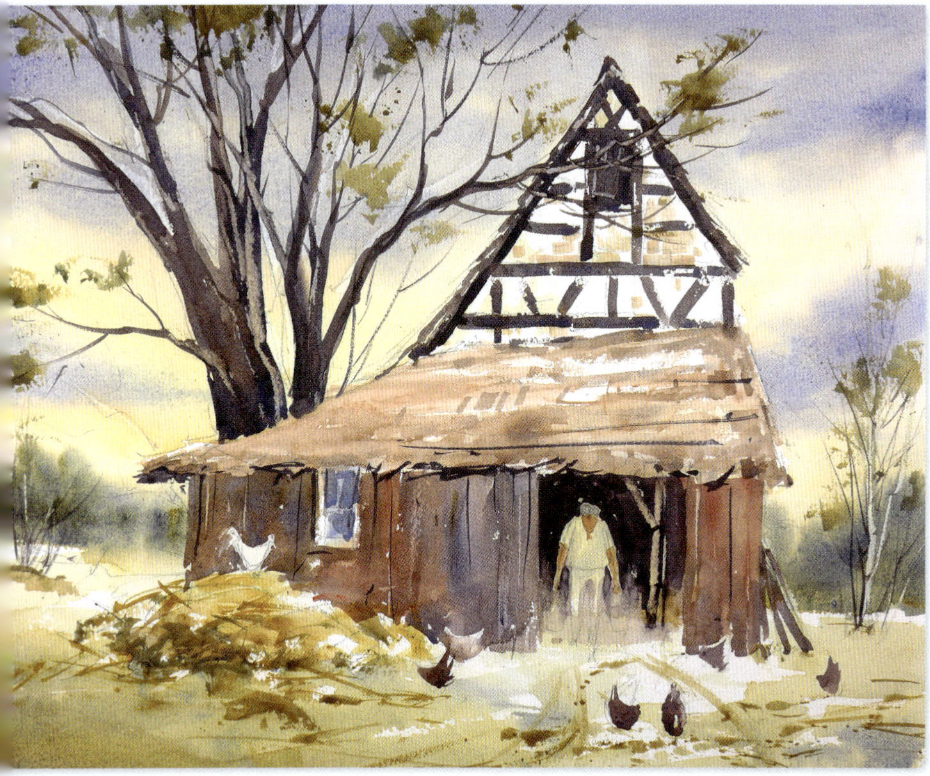

5. Schritt

Das dunkle Braun der Bäume wiederholt sich nun im Innenraum der Scheune. Beginne mit der dunklen Farbe unter dem Dach, male bis an den Bauern heran und lasse es nach unten hin heller auslaufen. Eventuell einen Stützbalken mit dem Spachtel kratzen. Hier und da ein paar Dunkelheiten unter das kaputte Dach setzen. Die Hühner können mit einem flotten Pinselschwung ins Bild gebracht werden. So sehen sie locker und lebendig aus. Dabei wirkt eine ungerade Anzahl Hühner interessanter.

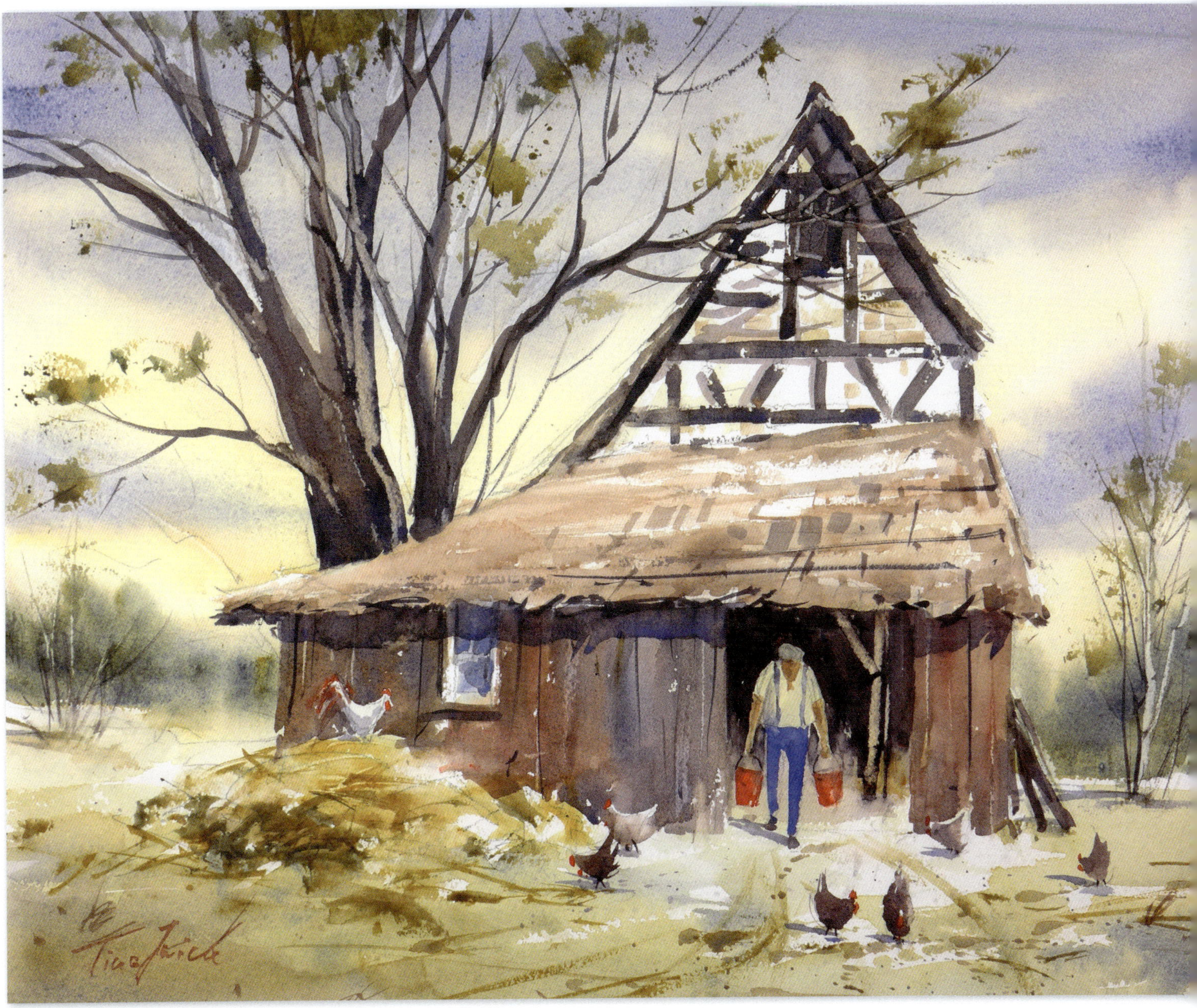

Fertiges Bild

Den Hühnern nun einen roten Kamm geben und dem Hahn auf dem Misthaufen ein paar rote Schwanzfedern. Unten darf der Misthaufen dunkler werden. Verteile einige Strohhalme im Vordergrund und deute vielleicht ein paar Reifenspuren an. Dem Bauer eine Hose in Französisch Ultramarin anziehen und mit Hosenträgern versehen. Gib ihm rote Eimer in die Hände und achte darauf, dass das Verhältnis der Armlänge zur Größe der Eimer und der Abstand zum Boden passen. Die Hand befindet sich bei einem hängenden Arm auf Höhe des Oberschenkels. Mische für den Schatten unter dem vorderen Dach und rechts unter dem Giebel Französisch Ultramarin mit ein wenig Kadmiumrot. Den Hühnern und auch dem Bauern einen Schatten in der gleichen Farbe geben. Zuallerletzt noch die Hühner füttern, indem du ein paar Spritzer vor ihre Schnäbel platzierst. Damit die Spitzer nicht an der falschen Stelle landen, am besten den Rest des Bildes abdecken.

Mehrere Menschen im Bild

Spaziergang im Schnee

Du brauchst:

Aquarellpapier
Arches Feinkorn, 300 g/m²

Aquarellfarben in
- Siena natur,
- Siena gebrannt,
- Caput Mortuum,
- Coelinblau,
- Französisch Ultramarin

Malspachtel

Pinsel s. S. 9

Kommen weitere Figuren in dein Bild, gilt es, sie im richtigen Verhältnis nicht nur zur Umgebung, sondern auch zueinander darzustellen. Die meisten Schwierigkeiten treten hier meist bei Figuren ganz vorn und Figuren weiter hinten im Bild auf. Achte in deiner Komposition also gut auf die Perspektive und studiere die möglichen Situationen auf den Seiten 22 bis 25, wenn du noch unsicher dabei bist.
Manchmal hat man den Glücksfall, dass bei einem Motiv-Foto (siehe rechts) die Menschen schon genau an der richtigen Position stehen und nicht zu groß und nicht zu klein sind. Hält man die Kamera dann auch noch so, dass die Figuren im Goldenen Schnitt stehen, kann man die Komposition gut übernehmen.

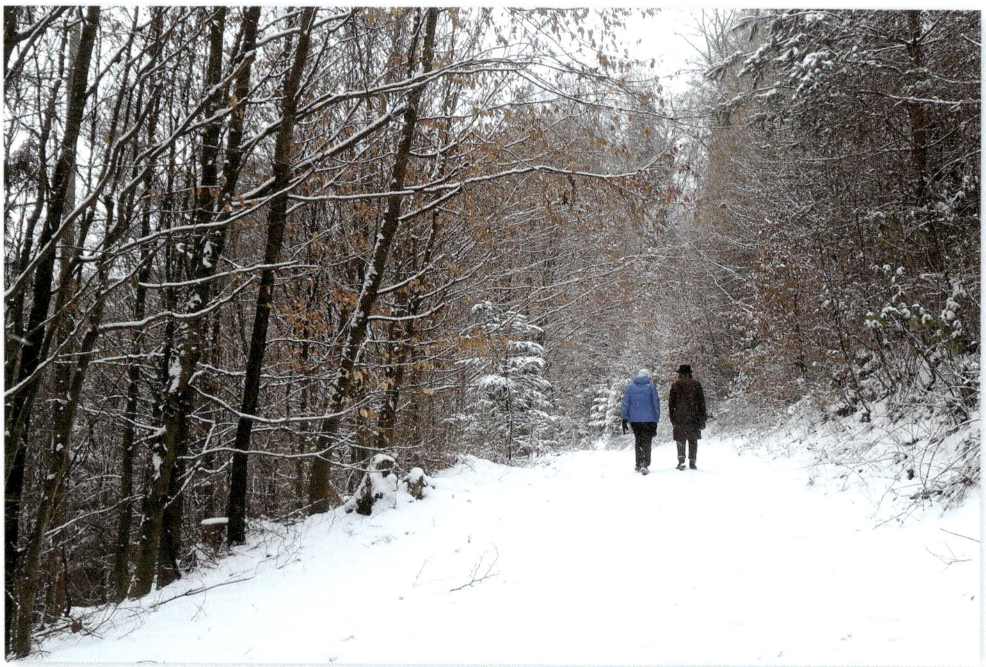

Motiv-Vorlage
Auch wenn die Komposition auf dem Foto schon perfekt ist, empfehle ich dir, eine Tonwertskizze vom Motiv anzufertigen (siehe rechts). Im Prozess wird dir dein Motiv vertrauter, und du kannst hier bereits auftretende Fragen lösen wie z.B.: Welchen Tonwert brauchen die Spaziergänger, um sich gut gegen den Wald abzuheben? Welche Bäume male ich, welche lasse ich weg? Soll Schnee auf den Ästen liegen, und wenn ja, wie male ich das? Je besser deine Vorarbeit, desto leichter wird dir das Aquarell von der Hand gehen.

Der Goldene Schnitt (1/3-2/3-Aufteilung)

Unterteilt man eine Bildfläche, egal ob Hoch- oder Querformat, Panorama- oder quadratisches Format, jeweils in Drittel, ergeben sich vier Schnittpunkte. Hier kreuzen sich die gedachten senkrechten und horizontalen Teilungslinien. Diese „sweet spots", oder Goldenen Schnitte, sind ideal für die Platzierung des Fokuspunktes, des Stars deiner Show. Zum einen haben diese Punkte jeweils einen anderen Abstand vom Bildrand (ausgenommen beim Quadrat, da hier Längs- und Querseiten gleichlang sind), zum anderen ermöglichen sie dem Auge des Betrachters, sich von dort aus durch die Komposition zu bewegen (siehe Pfeil). Ein guter Designer versucht, den Zuschauer so lange wie möglich im Bild festzuhalten und ihn bestmöglich auf seiner virtuellen Reise zu unterhalten. Die goldene Mitte ist selten eine gute Wahl.

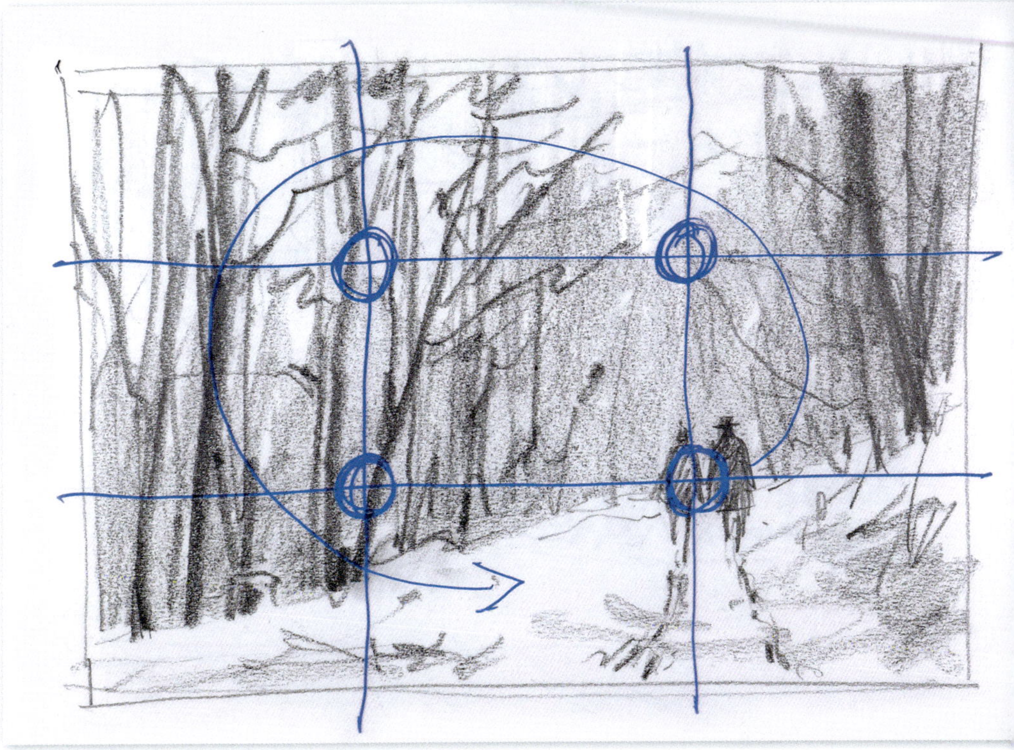

1. Schritt

Feuchte den kompletten Hintergrund an und grundiere ihn mit Siena natur. Auf feuchtem Papier geht es weiter mit einer Mischung aus Coelinblau und Caput Mortuum für die weiter entfernten, kleineren Bäume. Die Bäume im Mittelgrund werden mit pastoser Farbe aus Ultramarin und Siena gebrannt in die immer noch feuchte Farbe gesetzt. Mit Siena gebrannt die ersten zarten Laubbüschel andeuten. Der Pinsel muss dabei jeweils trockener sein als das Papier, damit keine Rückläufe entstehen.

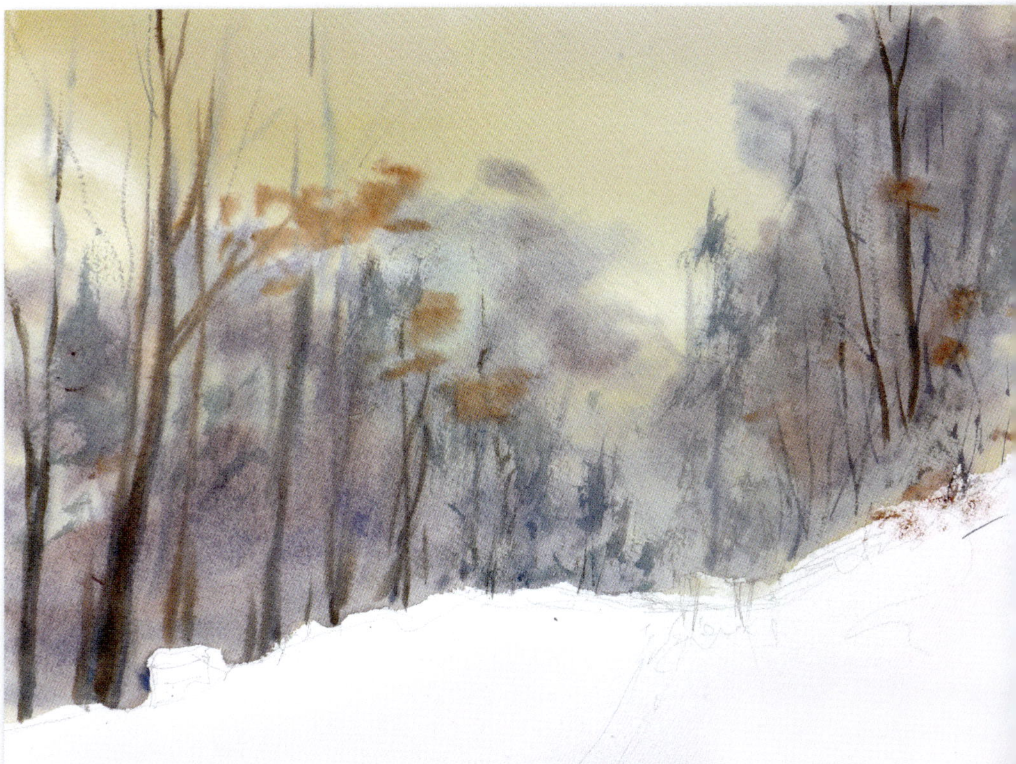

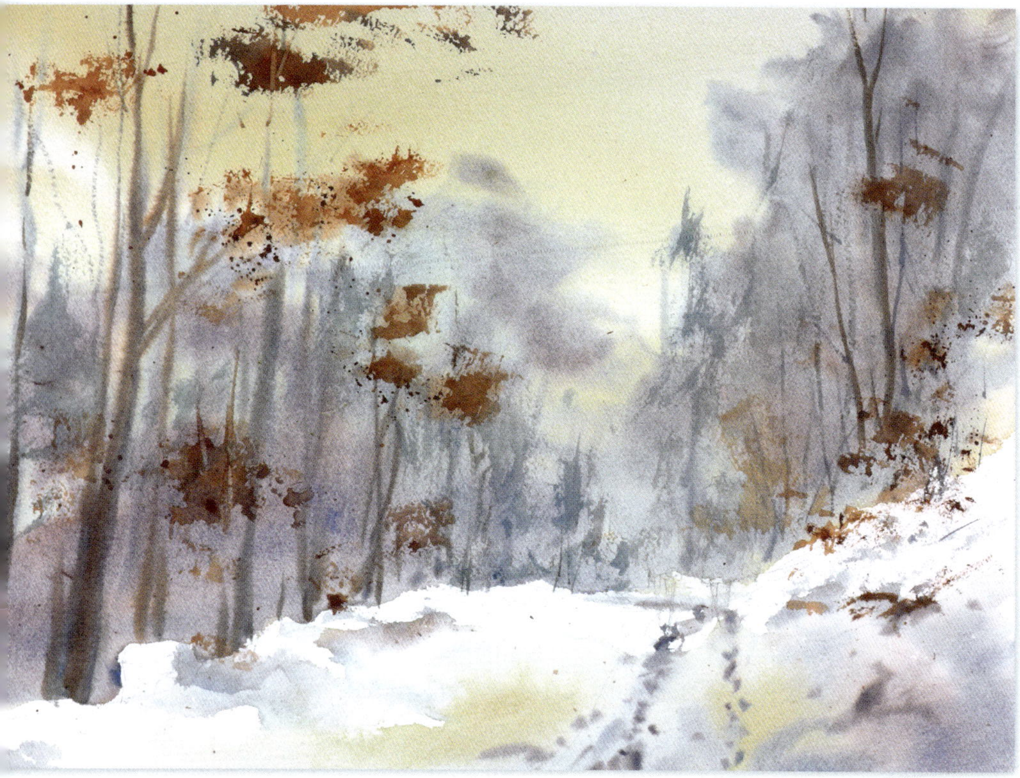

2. Schritt

Feuchte nun den Vordergrund an, lasse wieder Siena natur hineinfließen und setze dann mit der Farbe um die Bäume im Hintergrund einige Kuhlen in den Schnee. Nimm für die Spuren, die die Spaziergänger im Schnee hinterlassen, ebenfalls Coelin und Caput Mortuum. Für die Laubbüschel Siena gebrannt und Caput Mortuum relativ trocken mit der Seite des Pinsels auf das raue Papier auftragen. Eventuell mit ein paar Spritzern auflockern.

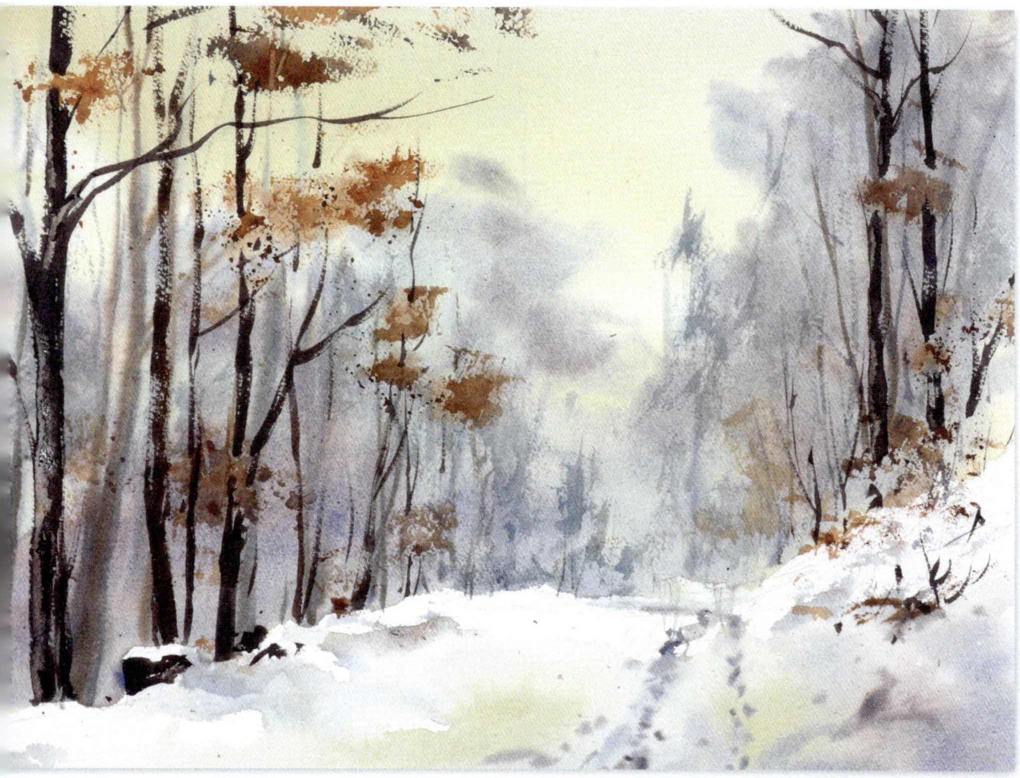

3. Schritt

Mische eine dunkle Farbe aus Französisch Ultramarin, Caput Mortuum und Siena gebrannt. Bei drei Farben kannst du das Braun gut variieren und die Stämme dadurch lebendiger aussehen lassen. Male die Bäume wie sie wachsen, nämlich von unten nach oben, und unterbreche die Stämme für die Laubbüschel. Mit dem Malspachtel Rindenstruktur in die noch feuchte Farbe kratzen. Die feineren Äste mit dem Schlepper einziehen, ebenfalls in Wuchsrichtung.

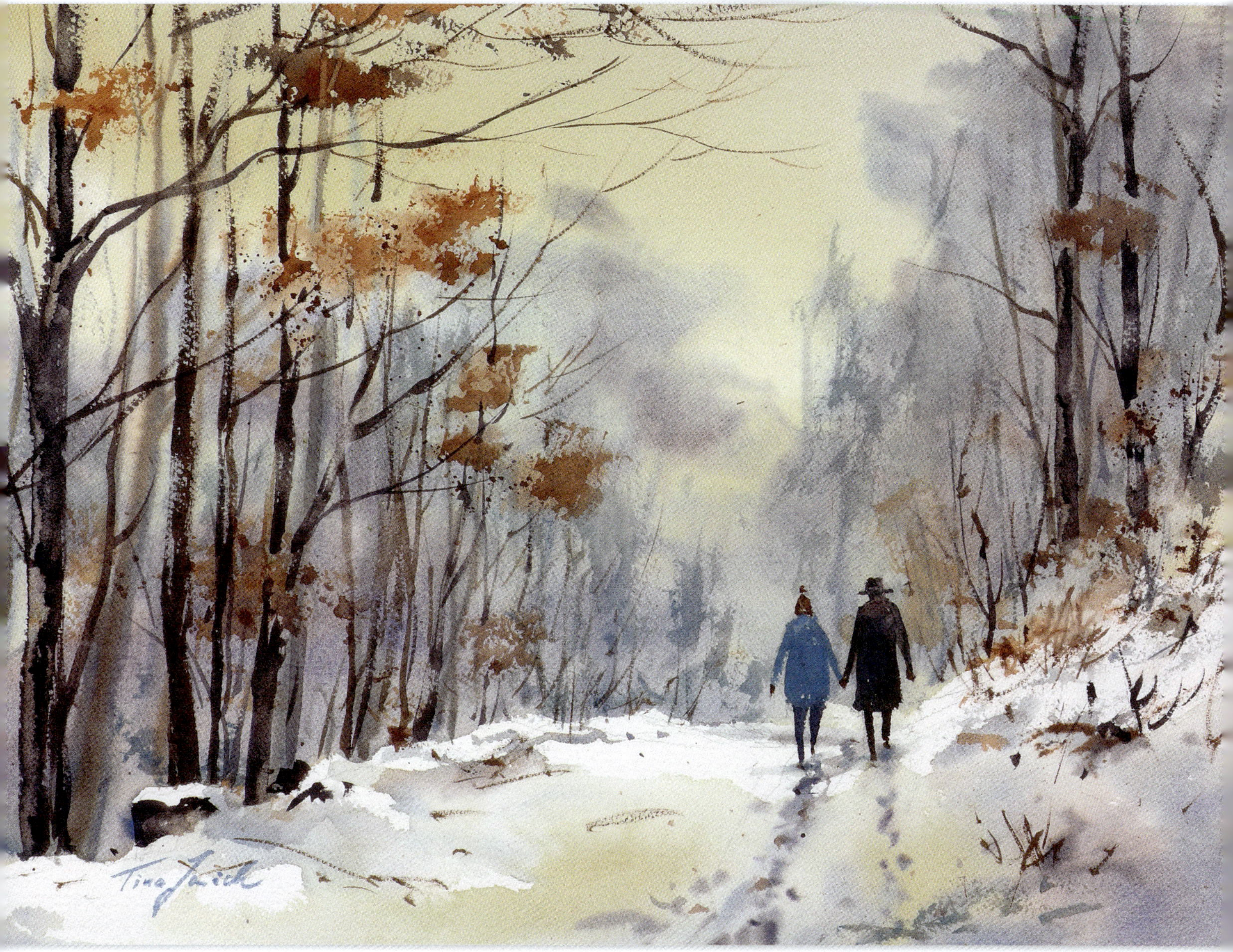

Fertiges Bild
Lasse die beiden Spaziergänger in dein Bild wandern. Idealerweise tragen sie Kleidung in den Farben, die bereits im Bild vorkommen: Der Mann bekommt einen Mantel und eine Hose im Braun der Bäume im Vordergrund, die Frau eine Jacke in Coelinblau und eine Hose in Ultramarinblau. In Mütze und Handschuhen wiederholt sich Caput Mortuum. So hat das Bild eine ausgewogene Farbharmonie. Wenn du lieber z.B. eine knallrote Jacke malen möchtest, dann wiederhole die Farbe irgendwo anders im Bild, sonst wirkt sie wie ein Fremdkörper. Hier und da noch ein paar Äste und Stämme einfügen und einzelne Gräser aus dem Schnee schauen lassen. Vielleicht magst du den beiden noch einen Hund an die Seite stellen oder ein paar Vögel aufscheuchen.

Der Gedenkgottesdienst

Du brauchst:

Aquarellpapier
Arches Feinkorn, 300 g/m²

Aquarellfarben in
- Siena natur,
- Siena gebrannt,
- Kadmiumrot,
- Französisch Ultramarin,
- Coelinblau

Malspachtel

Pinsel s. S. 9

Die weißen Holzkirchen in den USA sind sehr malerische Bauten. Aber wie so oft hat mir auch hier etwas gefehlt. Daher kamen zuerst die Fahne und dann die Figuren ins Bild. Die UWOs sind einfach perfekt, um einer Komposition Leben einzuhauchen. Indirekt erzählt das Bild von mehr Menschen, die einmal auf der Erde gewandelt sind, und nun erinnern die Grabsteine an sie. Ich hatte daran gedacht, noch Vögel in den Himmel oder auf einen der Grabstein zu setzen, aber das wäre wohl zu viel geworden.

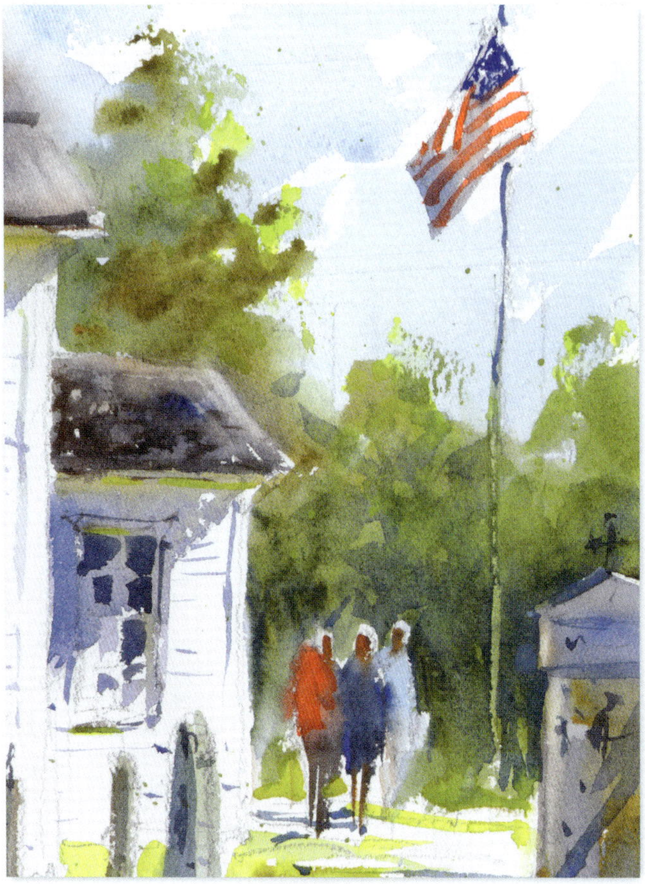

Ausschnitt 1
Figuren eignen sich wunderbar, um eine knallige Farbe, wie hier das Rot der Fahne, an einer anderen Stelle zu wiederholen. Die Lichtstellen auf den Köpfen sind hier ausgespart. Solltest du sie im Malprozess verloren haben, kannst du sie später auch mit Titanweiß direkt aus der Tube einfügen. Ein kleiner, flacher Strich als Schatten unter die Figuren gesetzt – und sie sind mit dem Boden verankert.

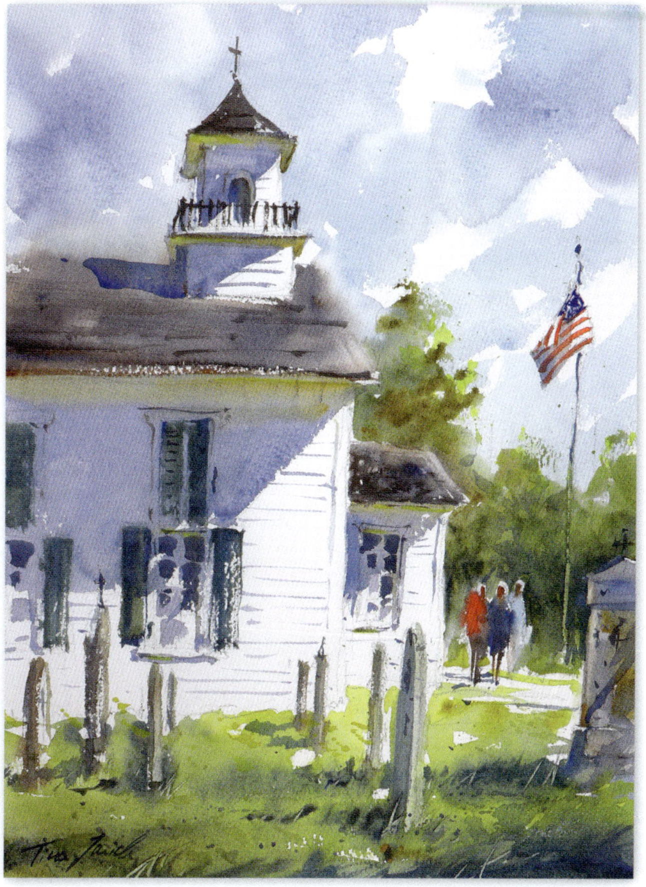

Ausschnitt 2
Die Farbe des Bodens ist hier als reflektiertes Licht unter den Dachüberhängen zu finden. Das lässt die kleine Kirche richtig leuchten. Die Farbe der Dächer wiederholt sich in der Farbe der Hosen der linken Person. Obwohl die Beine der Figur rechts nicht gemalt wurden, kann der Betrachter die drei Personen gut erkennen.

Tipp: Kompositorisch wirken Dreiergruppen besser als Zweiergruppen, da ungerade Zahlen auf den Betrachter stimmiger wirken. 3, 5, 7, 9 – danach zählt keiner mehr nach. Habe ich ein verliebtes Pärchen im Bild, das nicht gestört werden möchte, setze ich oftmals einen Hund als dritte „Person" dazu. Aber Ausnahmen bestätigen ja bekanntlich die Regeln, und in deiner Geschichte hast du das letzte Wort.

Vorgehensweise
Beginne mit dem Himmel, indem du Ultramarin und Coelinblau ineinander laufen lässt. Lege die große und die kleine Dachform rechts mit Siena gebrannt und Französisch Ultramarin an. Warte mit dem Dach des Türmchens, bis der Himmel getrocknet ist. Nimm Kadmiumgelb und Siena natur gemischt mit Französisch Ultramarin, um die hinteren Bäume und den Vordergrund zu malen. Personen und Grabsteine dabei aussparen. Das Grün in den Fensterläden wiederholen. Töne Französisch Ultramarin mit etwas Siena gebrannt leicht ab und male die Schatten auf das weiße Gebäude. Lege sogleich für das reflektierte Licht Siena natur unter die Dächer in die noch feuchte Schattenfarbe. Zuletzt die Details einfügen: das Geländer auf dem Türmchen, die dunklen Fensterscheiben, die Fahne, die Grabsteine und die Kleidung der Figuren.

Am Hundestrand

Du brauchst:

Aquarellpapier
Arches Feinkorn, 300 g/m²

Aquarellfarben in
- Siena natur,
- Siena gebrannt,
- Quinacridongold,
- Lasurorange,
- Preußischblau,
- Kobalttürkis,
- Kadmiumrot

Malspachtel

Maskierflüssigkeit

Pinsel s. S. 9

Ein wunderschöner Sommertag an der Ostsee. Das Schöne am Meer ist, dass man sofort weiß, wo sich die Augenhöhe befindet, nämlich dort, wo sich Himmel und Meer begegnen. Der Horizont entspricht also der Augenhöhe des Betrachters! Nichts versperrt die Sicht. Hier steht der Betrachter der Szene erhöht und blickt hinunter zum Strand. Leider ist die Tür des DLRG-Häuschens geschlossen, aber das ist leicht zu ändern. Auf dem Foto sind schon einige Figuren vorhanden. Wenn sie dir gefallen, darfst du dich gerne an ihnen orientieren. Es ist dein Tag am Strand und du entscheidest, wer mitkommt.

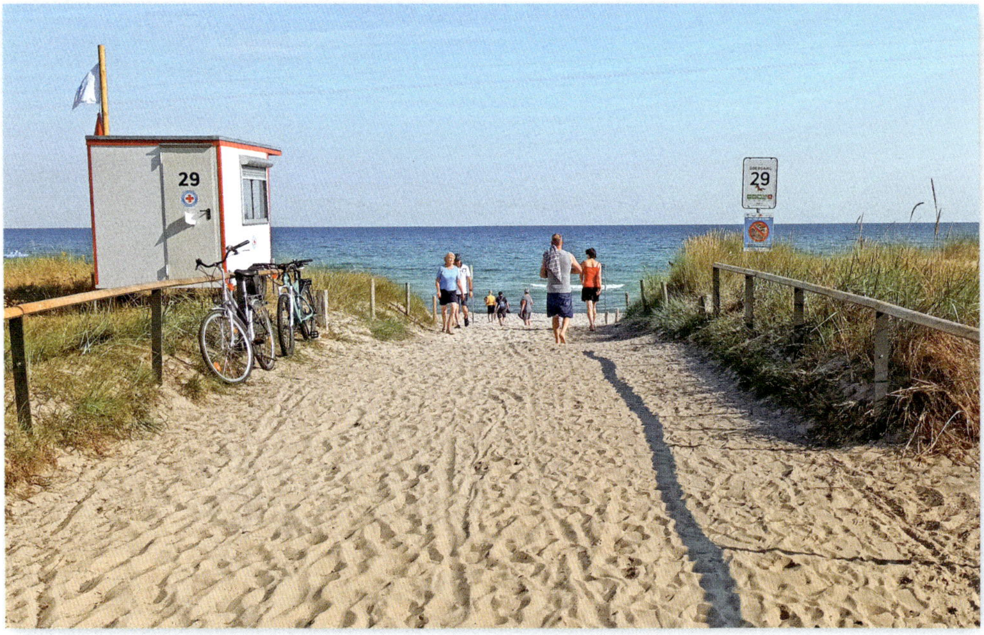

Tipp: Farbige Maskierflüssigkeit ist auf dem weißen Papier besser zu erkennen. Falls du eine farblose Variante hast, kannst du diese auch selbst mit etwas Aquarellfarbe einfärben. Ist das Mittel zu zähflüssig, kann es mit etwas Wasser verdünnt werden.

Motiv-Vorlage

Die Strandbesucher werden in der Distanz kleiner, aber sie bleiben unterhalb des Horizontes. Das Bademeisterhäuschen steht erhöht auf der Düne. Sieh dir nun die folgende Tonwertskizze an: Stellt man einen Bademeister in das Häuschen, liegt seine Augenhöhe über dem Horizont. Die Frau mit dem Hut und der Bademeister befinden sich in gleicher Entfernung zum Betrachter und sind somit fast gleich groß. Nur geht sie unten auf dem Weg, und er befindet sich oben auf der Düne. Würde der Bademeister zu der Dame hinunter gehen, wären sie auf gleicher Augenhöhe.

Tonwertskizze

Fertige eine Tonwertskizze an und entscheide, bevor du mit dem Aquarell beginnst, welcher Strandbesucher wo stehen soll. Vielleicht sitzt auch einer auf der Düne? Platziere einige nach vorn und andere nach hinten, also weiter unten an den Strand. Das verleiht deinem Bild Tiefe. Sie dürfen sich auch überlappen. Hier kannst du gut feststellen, ob es stimmig ist oder ob du noch Änderungen vornehmen musst. Passt die Größe deines Bademeisters im Verhältnis zum Häuschen?

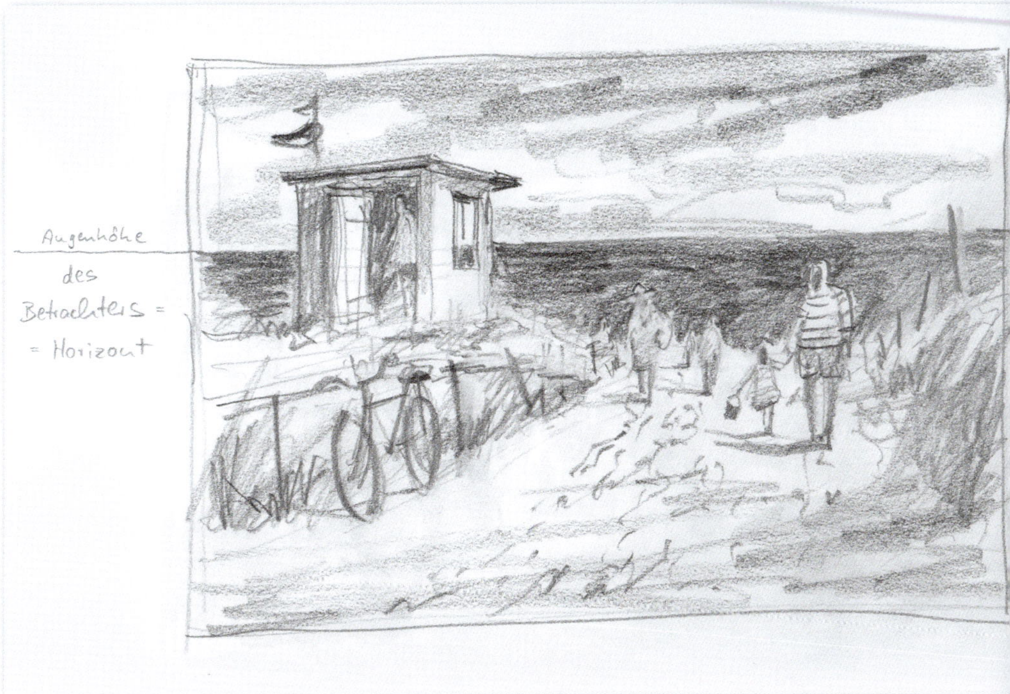

1. Schritt

Ist der Entwurf stimmig, übertrage ihn auf das Aquarellpapier. Decke die UWOs, die vor dem dunkleren Meer stehen, mit Maskierflüssigkeit ab. Wenn man die Maskierflüssigkeit an einer Stelle verwendet, sollte man sie auch an anderen Stellen wiederholen. Sie hinterlässt eine sehr harte Linie, und Wiederholung in der Struktur schafft Harmonie im Bild. Hier ist das z.B. bei den Lichtkanten auf dem Bademeisterhäuschen, bei den hellen Gräsern und bei den kleinen Wellen auf dem Wasser der Fall.

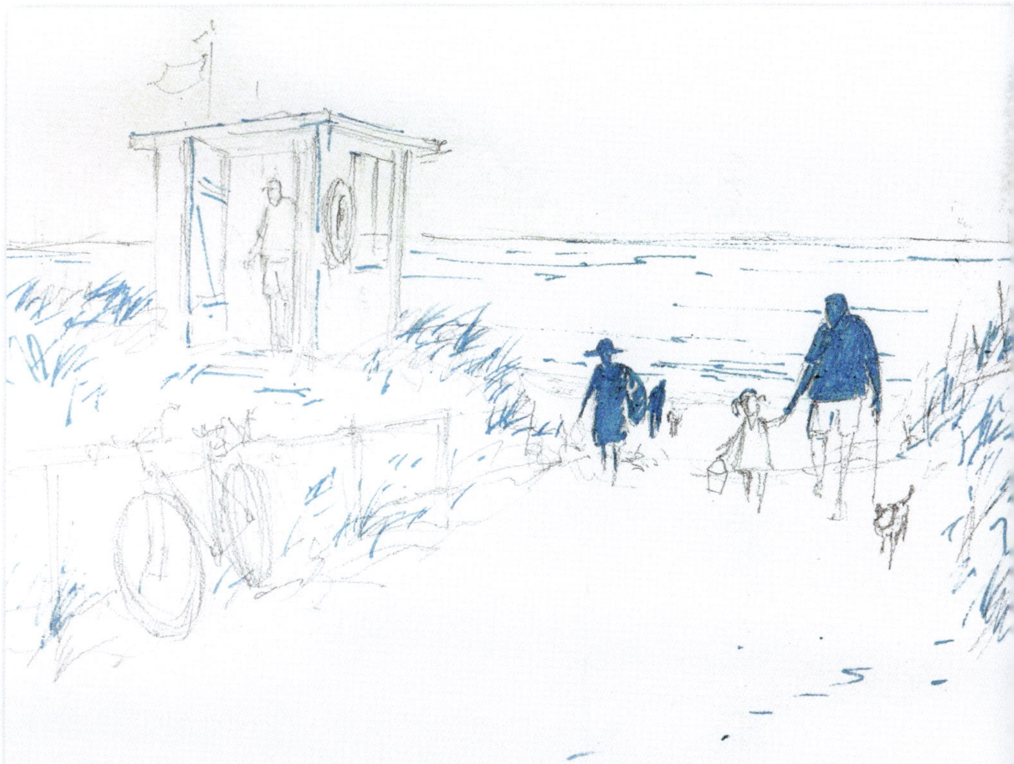

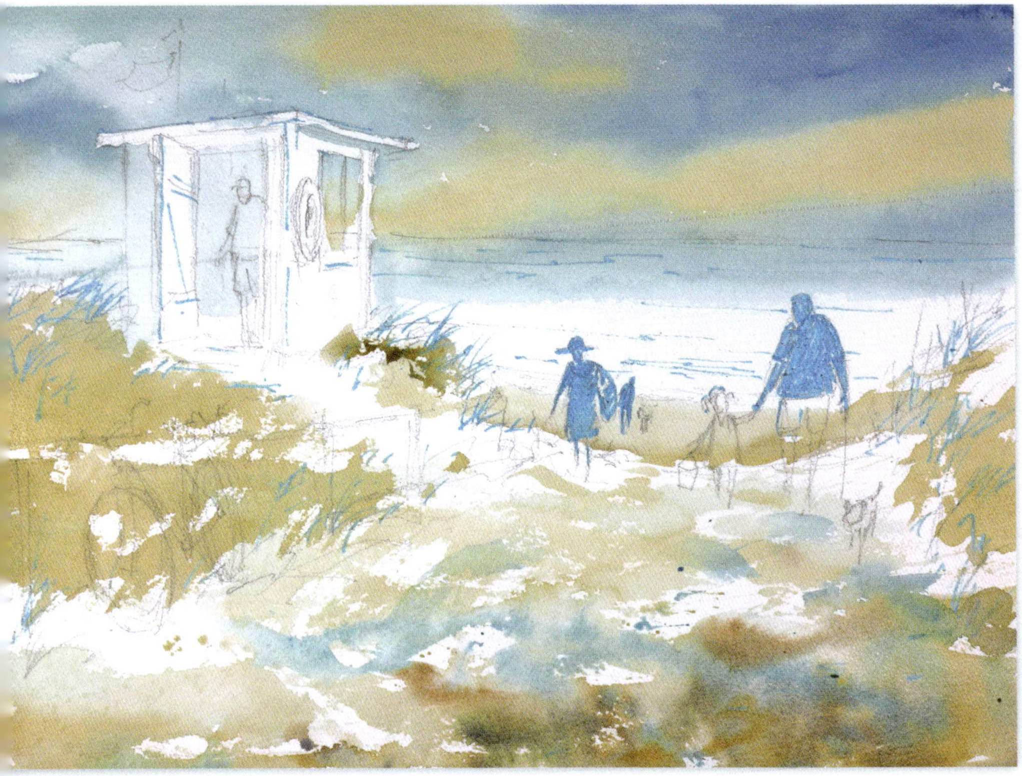

2. Schritt

Feuchte den Himmel um das Bademeisterhäuschen und im Fenster an. Lege zuerst ein paar Flecken Siena natur an und male dann ein paar Flecken Preußischblau dazwischen. Die beiden Farben möglichst nicht vermischen, sonst entsteht ein grünlicher Ton. Für die Dünen eine Grundierung von Siena natur anlegen. Etwas Siena natur hinter den Sandhügel auf dem Weg malen, dann tritt er hervor. Im Vordergrund Siena natur und gebrannt sowie etwas Preußischblau auf dem Papier ineinanderlaufen lassen.

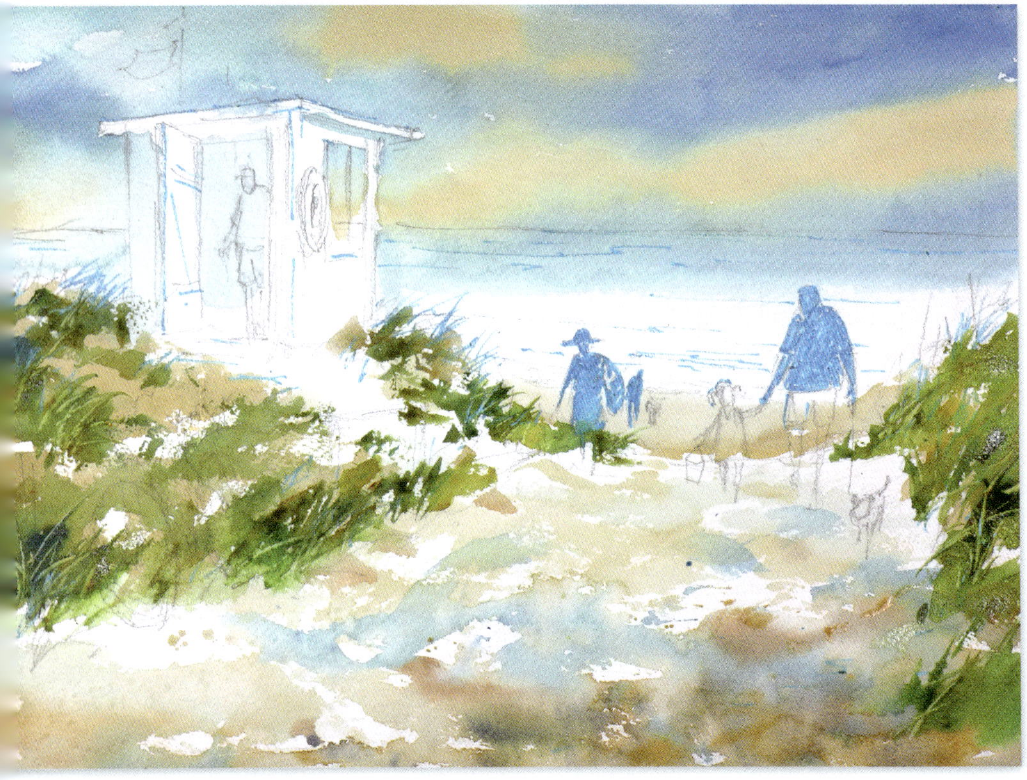

3. Schritt

Für das Dünengras Siena natur, Quinacridongold und Preußischblau in unterschiedlichen Verhältnissen mischen und die Grasbüschel in Form und Größe variieren. Es sieht lockerer aus, wenn zwischendurch noch Sandflächen zu sehen sind. Mit dem Malspachtel Graswedel in die noch feuchte Farbe kratzen. Wenn möglich, eine Verbindung zwischen dem Weg und dem Bademeisterhäuschen lassen, hier also kein Gras pflanzen.

4. Schritt

Nun mit Preußischblau und etwas Kobalttürkis das Meer malen, hinten ruhig kräftiger in der Farbe und nach vorn etwas heller werdend. Man sollte die Wasserkante aber noch vom Strand unterscheiden können. Auch durch das Fenster des Häuschens kann man etwas Meer sehen. Achte darauf, dass der Horizont gerade und am linken Bildrand genauso hoch ist wie am rechten. Das Blau über die oberen, maskierten Gräser, aber nicht in die Dünen ziehen.

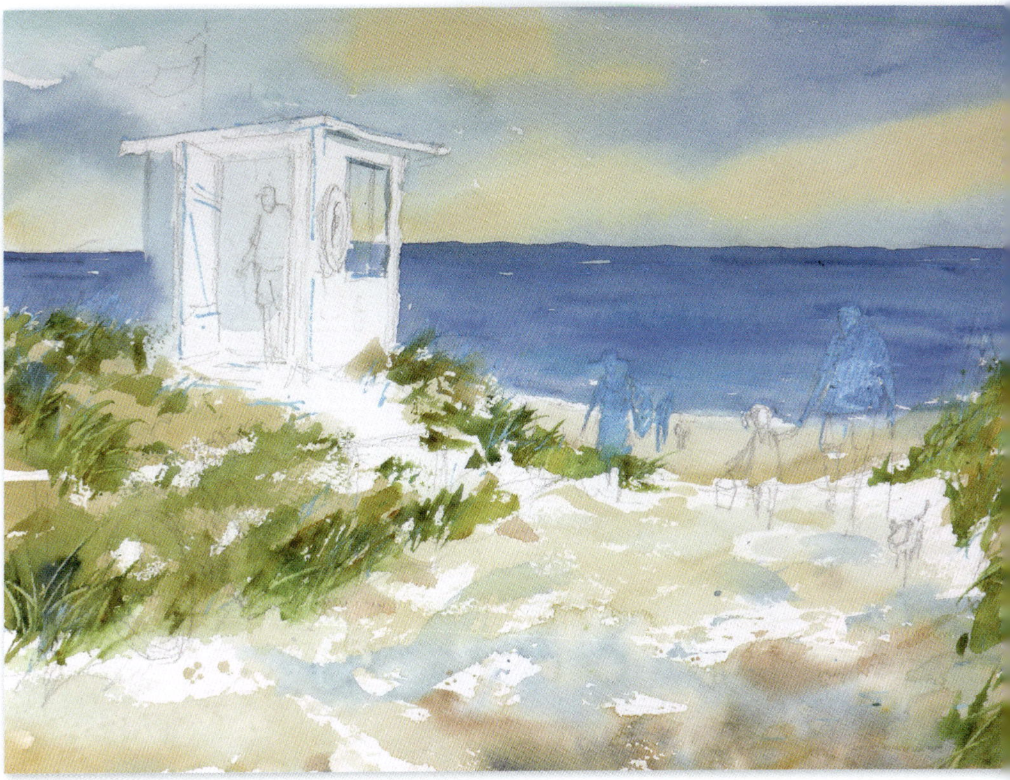

5. Schritt

Wenn alles gut getrocknet ist, die Maskierflüssigkeit wegrubbeln. Dafür gibt es auch spezielle Radiergummis, falls du empfindliche Finger hast. Die Ränder erscheinen nun sehr hart, und man kann diese Flächen entweder mit dem Borstenpinsel etwas weicher „schrubben“ oder eine leichte Lasur darüberlegen. Warte damit aber besser, bis alles Weitere im Bild ist. Nicht zu viel Weiß zumalen, sonst war die Mühe mit dem Abdeckmittel umsonst.

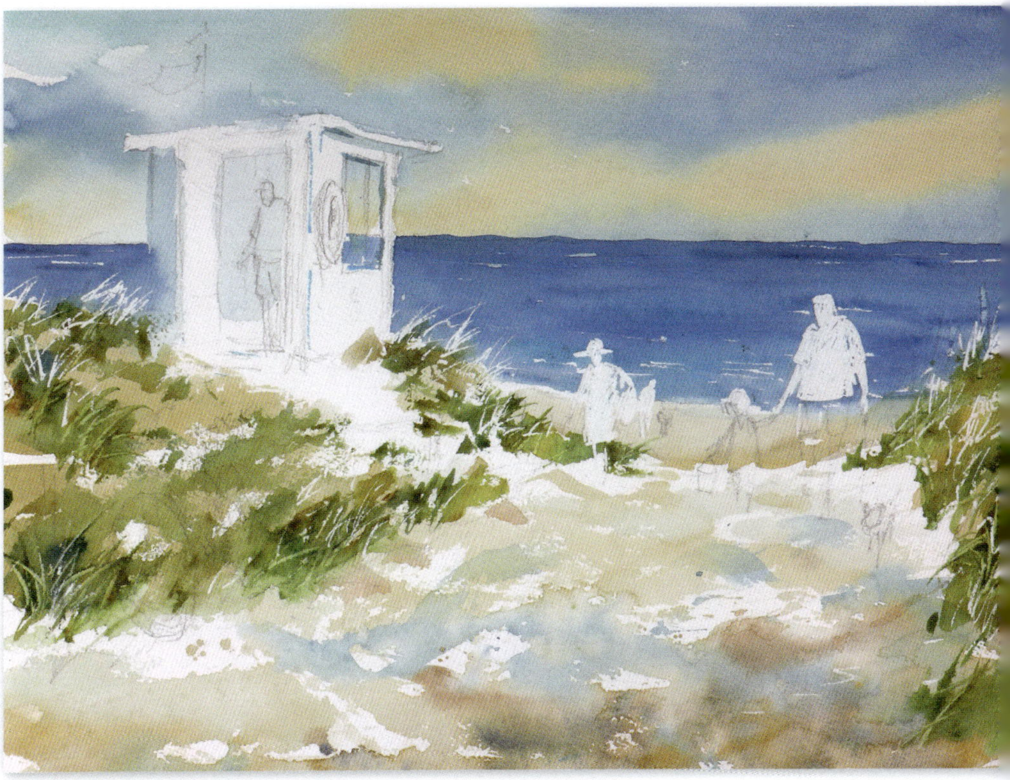

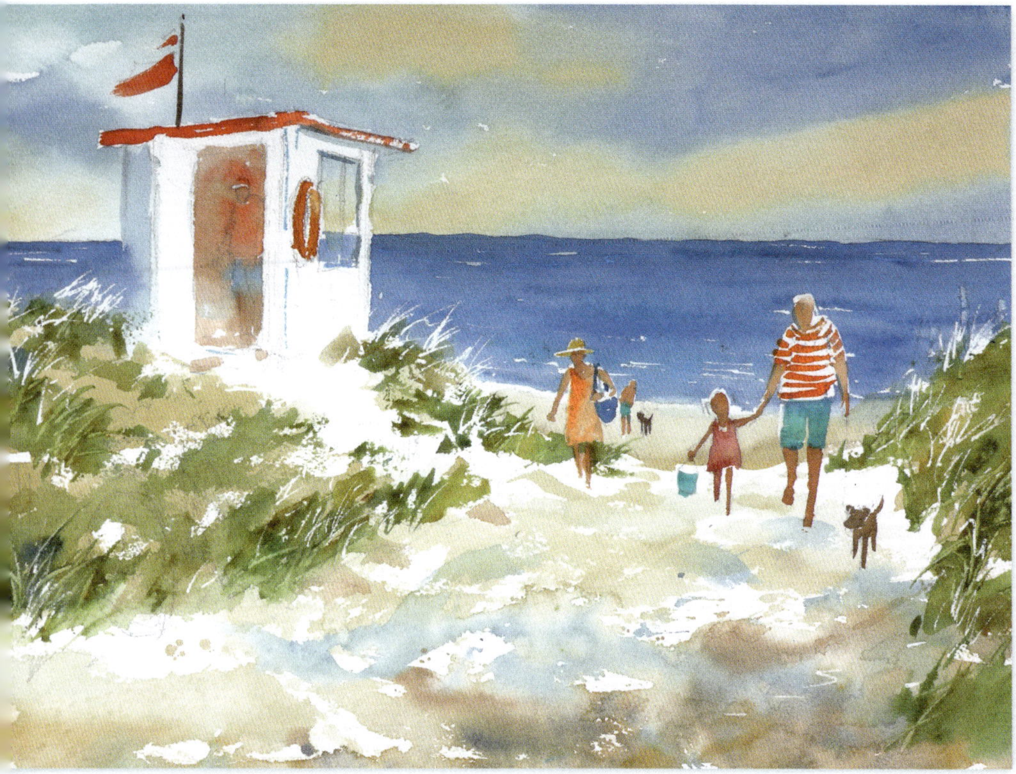

6. Schritt

Jetzt darfst du es bunt treiben und die Personen in fröhlichen Farben einkleiden. Wähle Siena gebrannt für die Hautfarbe. Gesichter, Arme und Beine sollen sich vom Hintergrund abheben, dürfen also nicht zu hell werden. Der Bademeister darf noch „auslaufen", seine Form wird im nächsten Schritt erst hervorgehoben. Etwas Farbe auf das Dach des Häuschens legen und eine Fahne hissen. Weitere Accessoires wie Taschen, Eimerchen, Sandschaufeln oder ein Rettungsring beleben die Szene.

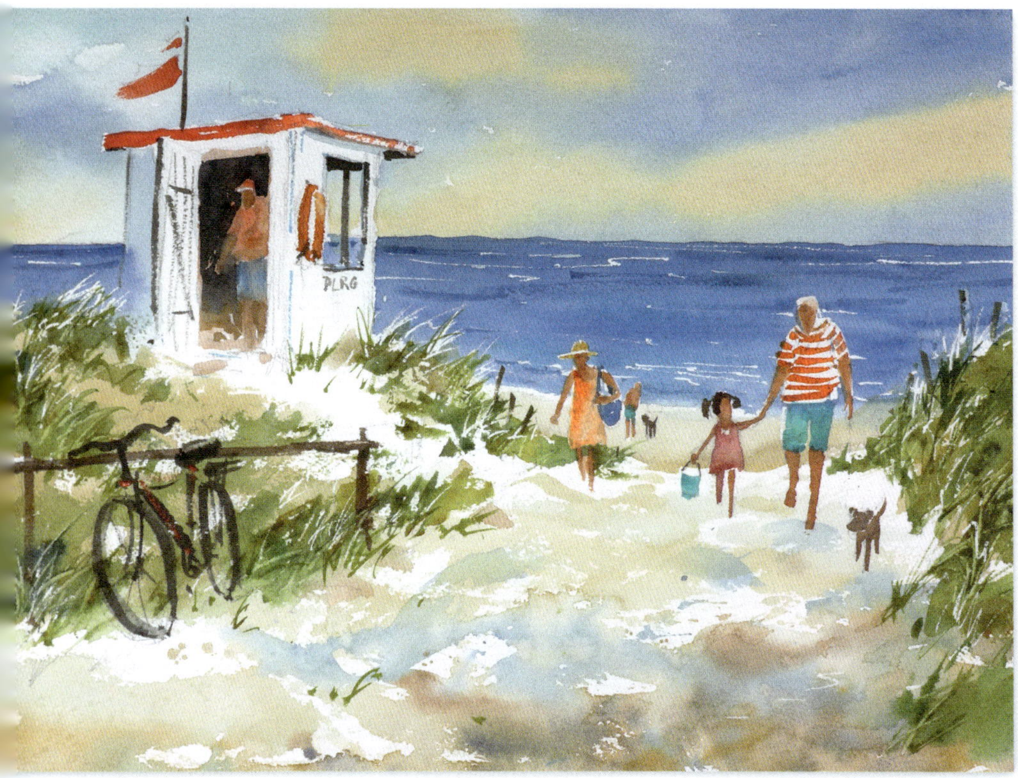

7. Schritt

Male die Pfosten, das Stück Zaun und das Fahrrad mit einer dunklen Mischung aus Kadmiumrot und Preußischblau. Die gleiche Dunkelheit beschreibt nun die Form des Bademeisters. Du malst nur den Hintergrund in der Hütte, und der Bademeister bleibt als negative Form frei. Möglich wäre auch, ihn vorher mit Maskierflüssigkeit abzudecken, falls du Angst hast, seine Form zu verlieren. Die Farbe nach unten auslaufen lassen. Ein paar dunkle Details wie Fensterrahmen und die Fahnenstange einfügen.

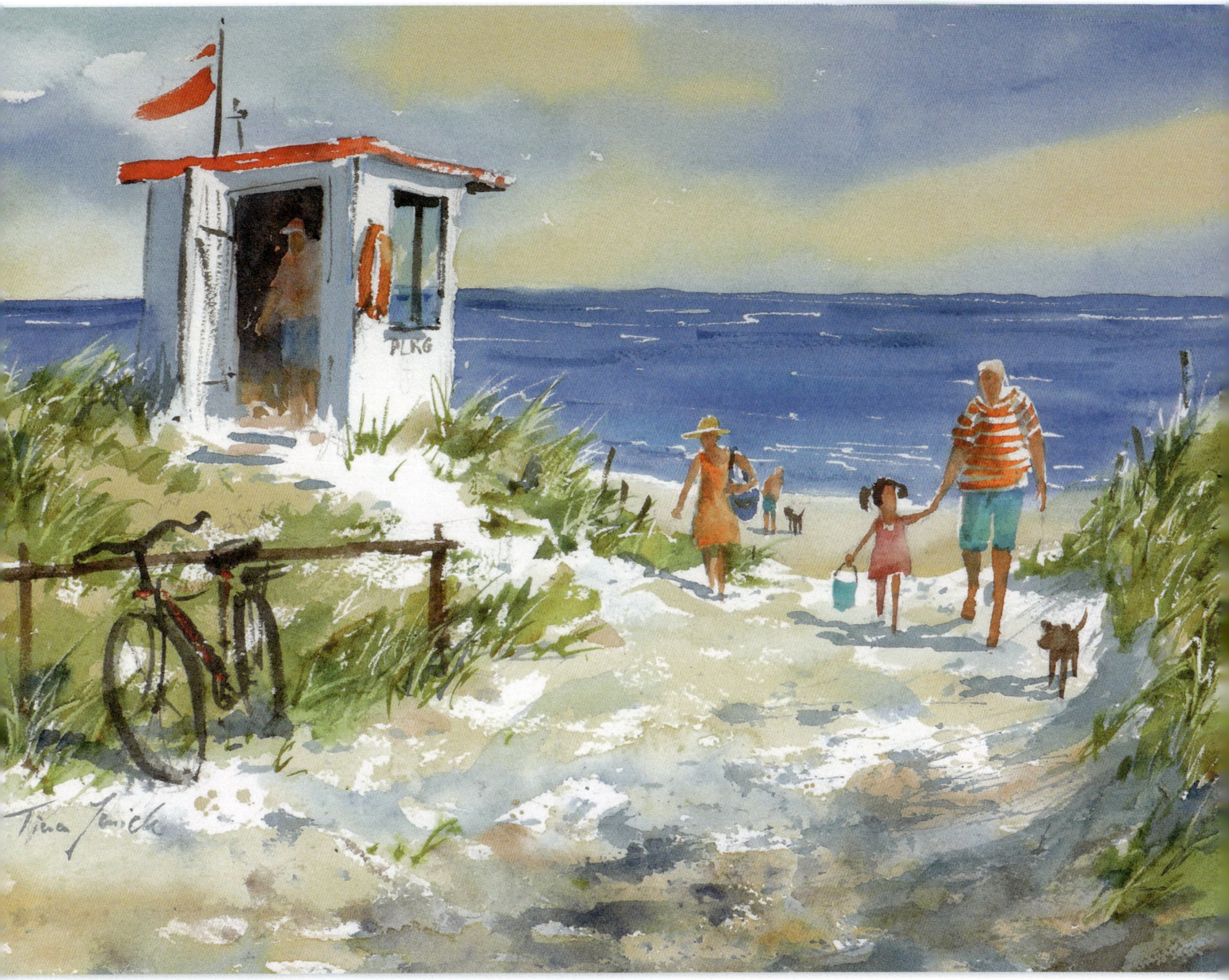

Fertiges Bild

Zuallerletzt kommt die Sonne ins Bild, bzw. die Schatten, denn sie bringen erst das Licht ins Spiel. Die Schattengrundfarbe ist Preußischblau, etwas abgetönt mit Siena gebrannt. Rechts folgen die Schatten der abfallenden Böschung der Düne, bevor sie dann auf dem Weg fast gerade werden. Der Schatten der Dame links folgt der Düne nach oben. Auf dem Weg sind die Schatten eher gerade, aber durch die Sandkulen unregelmäßig. Für die Komposition ist es interessanter, wenn eine Seite des Häuschens im Schatten liegt, anstatt wenn beide von der Sonne beschienen sind. Gib deinen Figuren eventuell einen Schatten auf die linke Seite, aber er darf nicht zu dunkel werden. Ein paar Spritzer im Vordergrund lockern die Sandfläche auf. Hier und da mit dem Schlepper noch ein paar dunkle Dünengräser ergänzen.

Venedig

Du brauchst:

Aquarellpapier
Arches Feinkorn, 300 g/m²

Aquarellfarben in
- Siena natur,
- Siena gebrannt,
- Coelinblau,
- Französisch Ultramarin,
- Lavendel,
- Kadmiumrot

Malspachtel

Pinsel s. S. 9

Venedig ist seit vielen Jahrhunderten eine Inspiration für Künstler aller Art. Es ist ein Labyrinth von malerischen Gassen und Kanälen. Über die 435 Brücken geht es treppauf treppab, und sie bilden ein wesentliches Element im innerstädtischen Fußgängerverkehr. Es gibt auch Gassen, in denen kaum Touristen zu finden sind, aber meist tummeln sie sich überall. Hier könnte auch jemand aus einem Fenster sehen, auf dem kleinen Balkon oben rechts stehen oder auf der Stufe neben dem Boot sitzen.

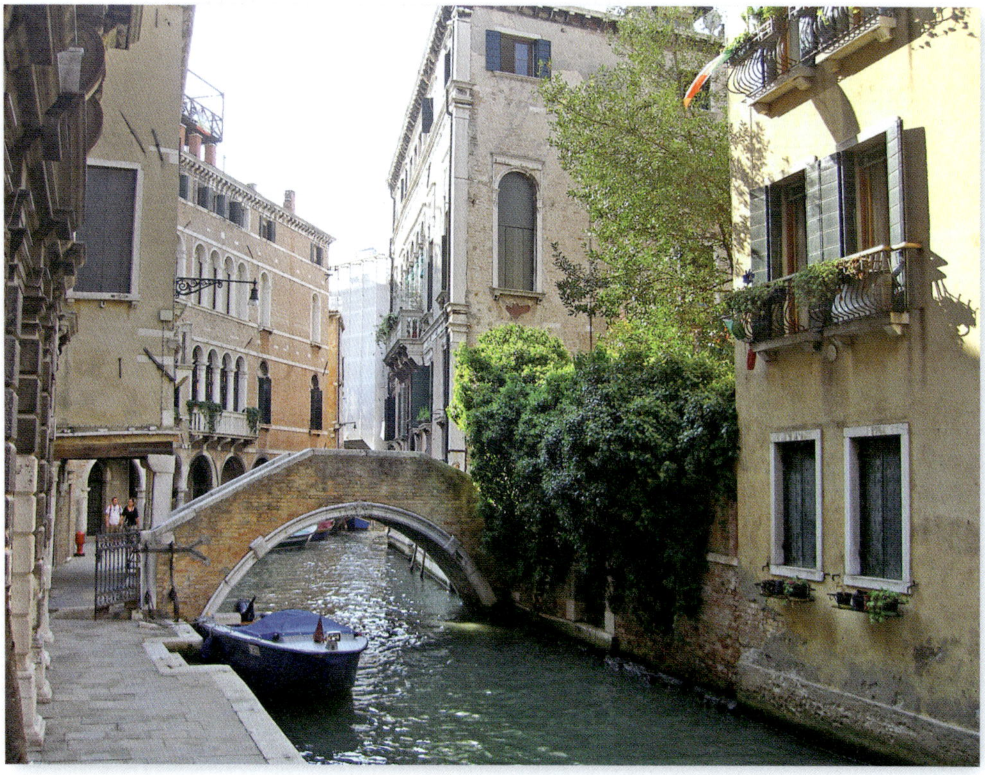

Motiv-Vorlage

Die Realität erschlägt einen oft mit ihren vielen Details. Daher rate ich dir, zunächst eine Tonwertskizze anzufertigen, um Überflüssiges wegzulassen. Werde dir über die Lichtverhältnisse im Klaren. Woher kommt die Sonne und wo ist Schatten? Wo sollen deine Menschen stehen und wie viele möchtest du ins Bild bringen? Wenn du dich mit Booten schwertust, kann man sie auch weglassen und dafür ein paar Pfosten mehr ins Wasser platzieren.

Die Position der UWOs

Ist schon eine Person auf dem Foto (siehe Motiv-Vorlage links), ist es leichter, weitere Personen zu erfinden, da eine Basisfigur zur Orientierung vorhanden ist. Ohne Basisfigur müsste man sich an der Größe der Türen und Fenster orientieren, um die Augenhöhe des Betrachters ausfindig zu machen. Hier liegt die Augenhöhe auf derselben Höhe wie die der zwei Touristen, die links unter den Arkaden zu sehen sind. Also befinden sich alle Personen, die auf dem Weg laufen, mit den Augen bzw. dem Kopf auf der Horizontlinie. Möchte man nun Personen auf die Brücke stellen, nimmt man an, eine Person steht an der Stelle, an der die Brücke am Weg ansetzt (Figur links in pink). Dann verschiebt man diese Figur an die Stelle, an der sie auf der Brücke stehen soll. Da die Brücke nicht durchsichtig ist, sind die Beine hier nur zur Orientierung leicht angedeutet. Das Größenverhältnis bleibt dabei gleich (pink).

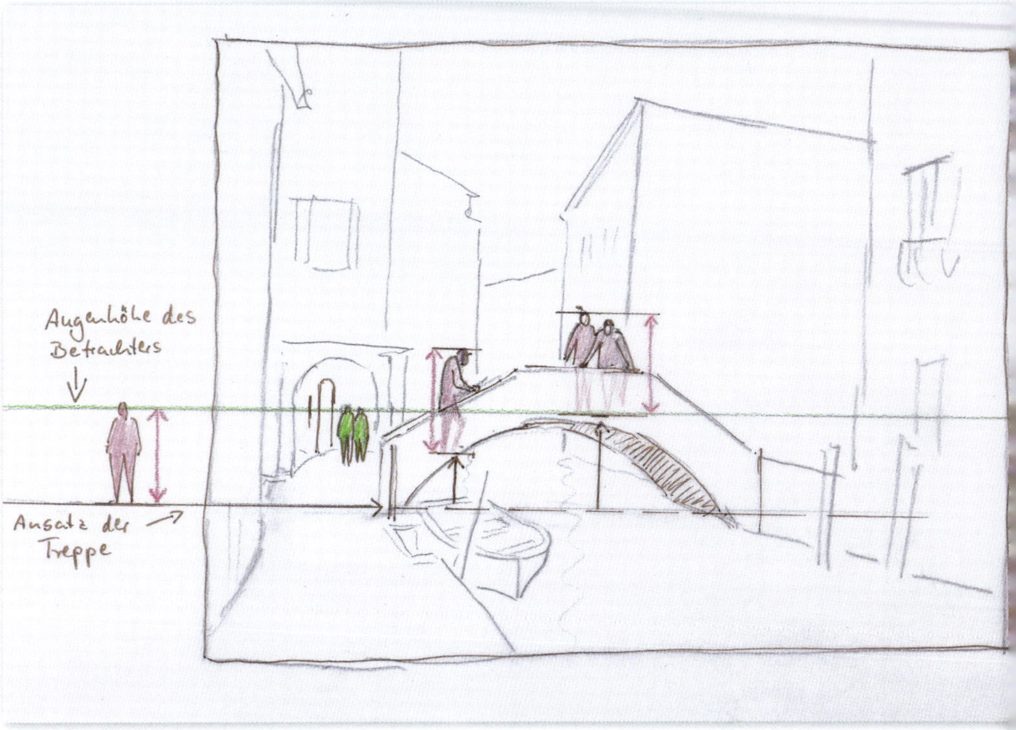

1. Schritt

Feuchte die ganze Bildfläche gleichmäßig an. Die Bildränder trocknen meist zuerst. Beginne oben im Himmel mit Coelinblau und gehe dann in Siena natur über, bis unten im Wasser wieder Coelinblau zum Zuge kommt. Nun mit weniger Feuchtigkeit im Pinsel und den Farben Siena natur und gebrannt die Gebäude grob andeuten, ebenfalls den Weg links und die Brücke. Die Bildfläche sollte dabei gleichmäßig feucht sein, sodass keine Rückläufe oder Farbränder entstehen.

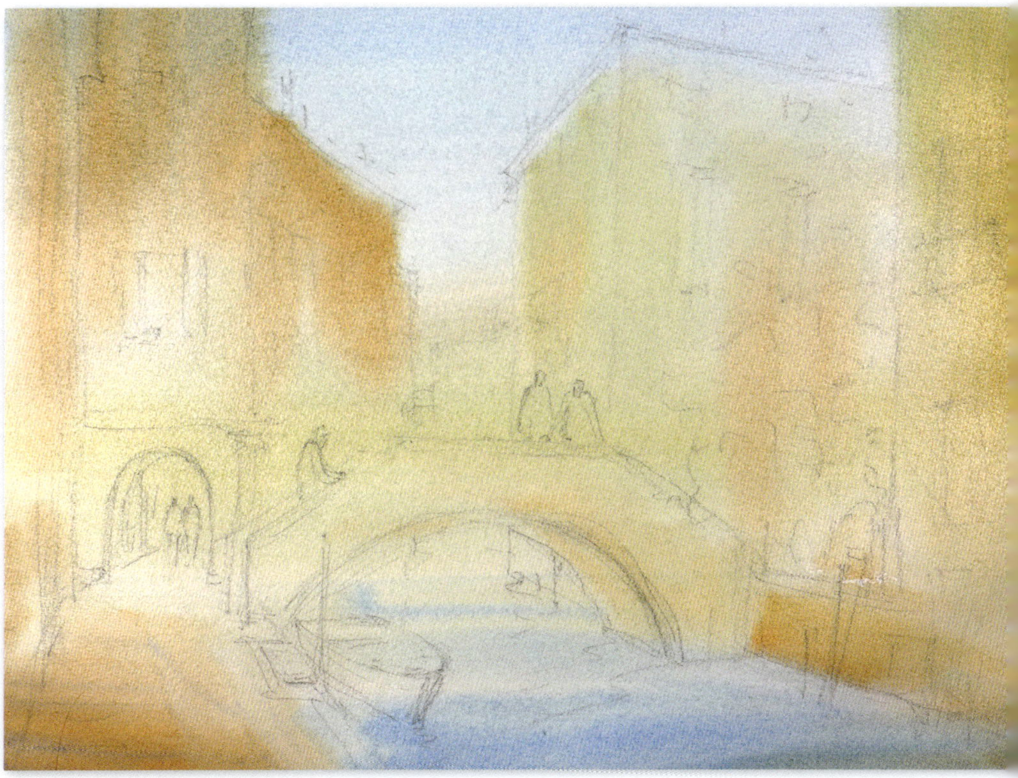

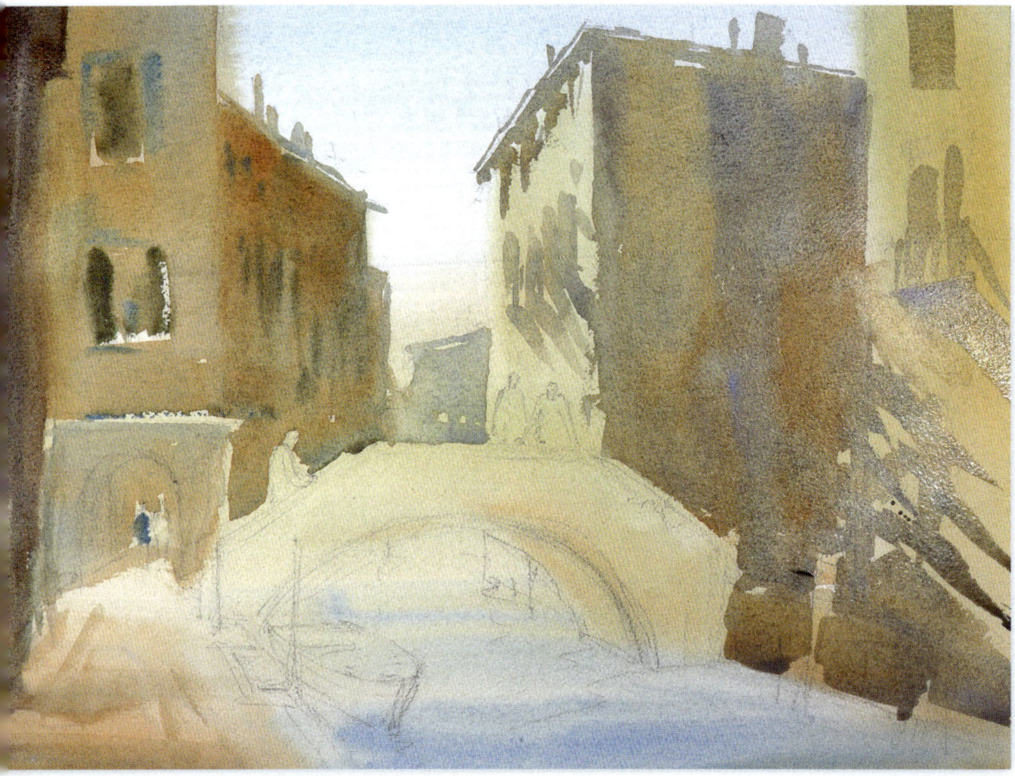

2. Schritt
Auf trockenem Papier geht es weiter mit den Häusern auf der rechten Seite. Die Grundmischung besteht aus Siena gebrannt und Coelinblau, vorn links dunkler mit Kadmiumrot und Französisch Ultramarin. Französisch Ultramarin und Siena natur ganz pastös für die Andeutung der Fensterläden verwenden. Beim rechten Haus definieren auf der Sonnenseite die Schatten, die Fenster und das Dach. Ziehe die Farbe dann direkt weiter in die rechte Hausseite und lasse diese möglichst auch in die Schatten auf der angeschnittenen Wand rechts laufen.

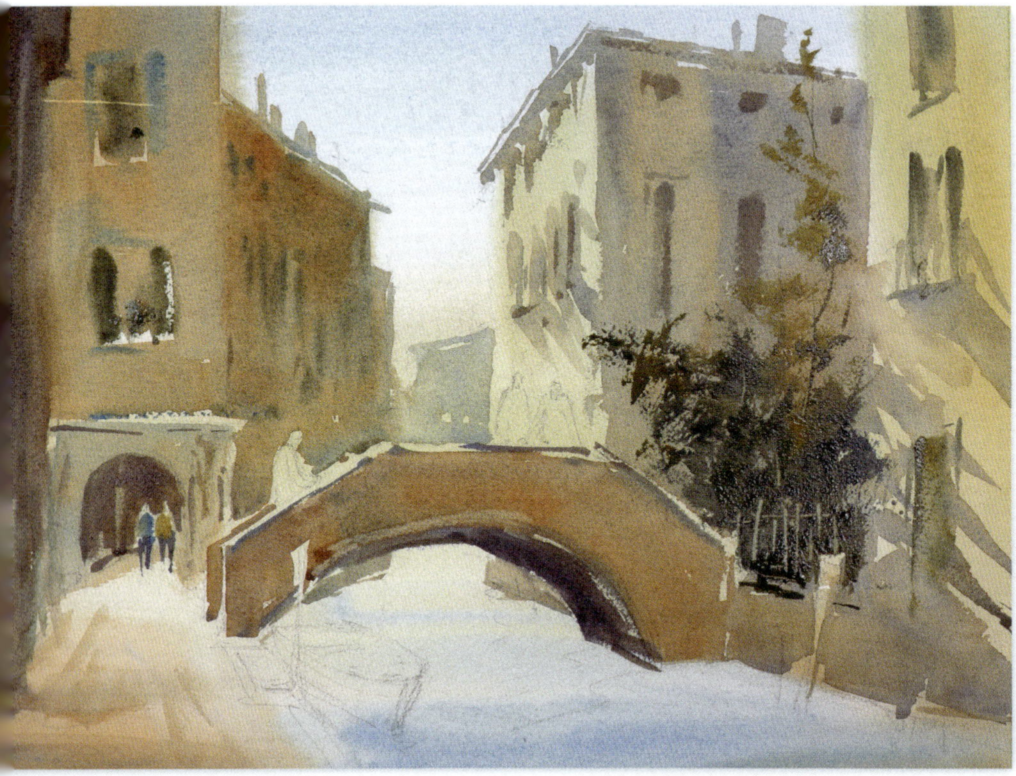

3. Schritt
Es folgt die Brücke mit denselben Farben. Werde unter der Brücke noch etwas dunkler. Lavendel ist sehr deckend, darf aber hier und da sparsam eingesetzt werden. Den Baum mit Französisch hUltramarin und Siena natur malen, außerdem weitere Fensterläden für die Farbwiederholung des Grüns. Kratze den kleinen Zaun und ein paar Äste in die feuchte Farbe. Werde unter den Arkaden wieder dunkler und spare die beiden Figuren aus. Deute die Fenster der großen Schattenseite rechts zart an.

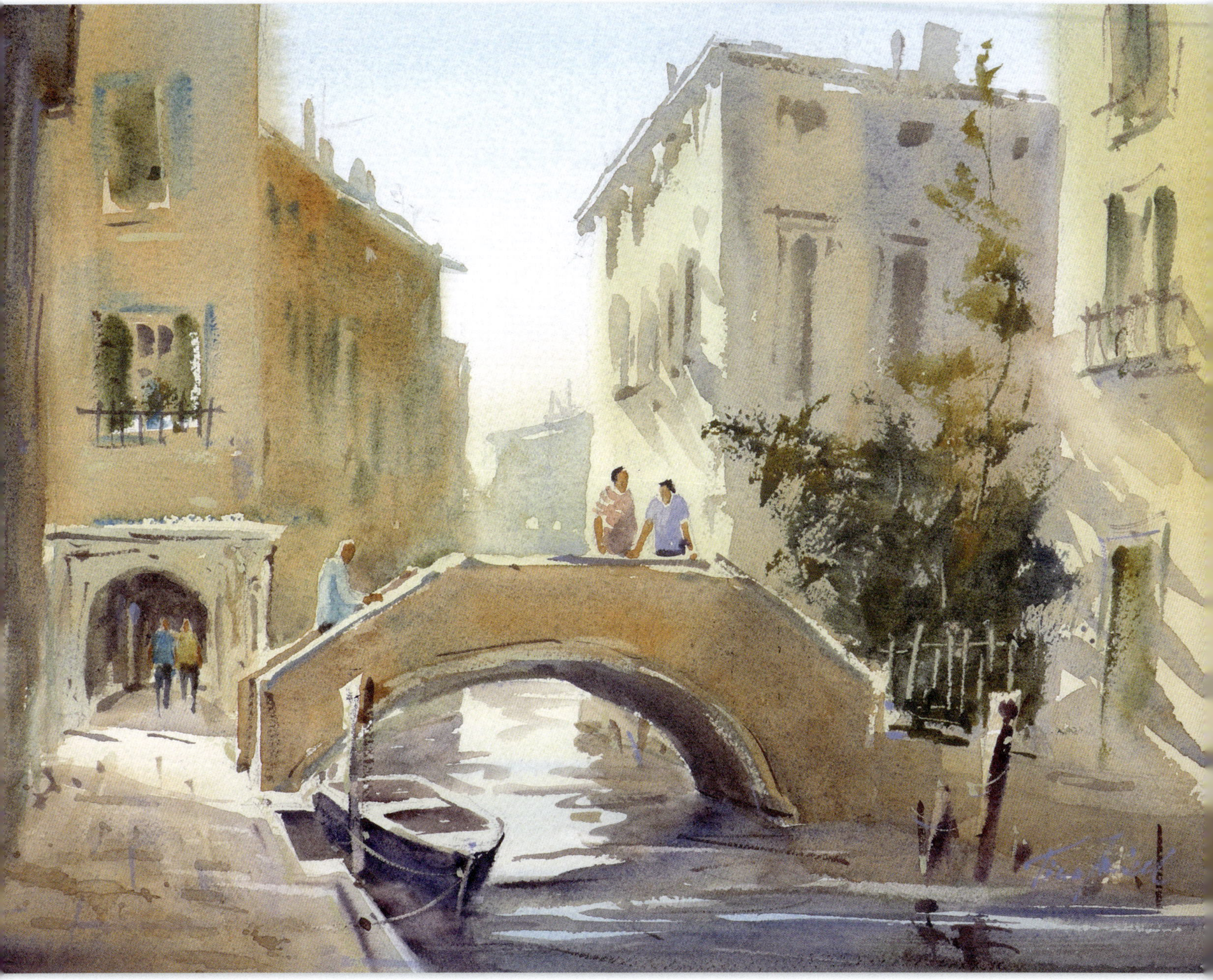

Fertiges Bild

Bleibe bei deiner Schattenfarbe und nimm für die Spiegelung der Gebäude und der Brücke im Wasser mehr Pigment und mehr Französisch Ultramarin mit Kadmiumrot hinzu. Lasse dabei die helle Kante des Bootes negativ stehen und deute die kleine Stufe neben dem Boot an. Es lockert die Form auf, wenn unten im Bild die Untergrundlasierung durchblitzt. Hier und da noch einen Fensterladen oder einen Balkon einfügen. Die Auswahl der Kleidung für deine Figuren sollte zur Harmonie des Bildes passen. Solltest du dich für ein T-Shirt in Kadmiumrot entscheiden, dann wiederhole diese Farbe an zwei anderen Stellen im Bild. Schilder, Blumentöpfe, Pfosten, all das sind Symbole, die man fast überall einsetzen kann, um ein Bild zu beleben. Aber Vorsicht: Zu viel Detail kann eine Komposition auch erschlagen. Im Zweifelsfall lieber erst einmal nichts tun und nach ein paar Tagen noch einmal mit einem „frischem Blick" aufs Bild sehen!

Die Fischer von Sansibar

Du brauchst:

Aquarellpapier
Arches Feinkorn, 300 g/m²

Aquarellfarben in
- Lasurorange,
- Kadmiumrot,
- Alizarin-Karmesin,
- Kobalttürkis
- Französisch Ultramarin,
- evtl. Titanweiß

Malspachtel

Pinsel s. S. 9

Morgens um 5:30 Uhr am Strand von Kizimkazi auf Sansibar. Die Fischer bringen ihren Fang an Land und räumen die Boote für den nächsten Tag auf. Noch ist die Sonne nicht aufgegangen und der Himmel leuchtet in Roséfarben, um ihre Ankunft anzukündigen. Der Horizont verschwindet im Dunst der hohen Luftfeuchtigkeit. Die Stimmung ist ruhig, friedlich, magisch. Diese Magie gilt es einzufangen. Die Menschen der Insel lieben intensive Farben, somit können die T-Shirts und Hosen nicht bunt genug sein.

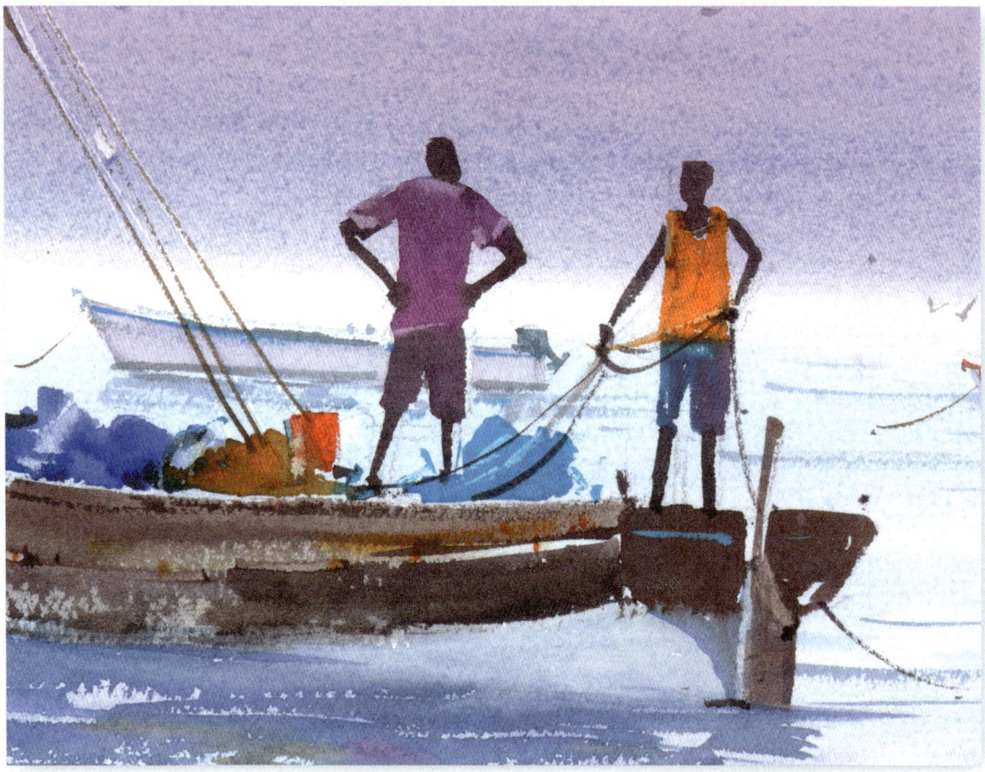

Ausschnitt 1
Der Hintergrund ist hell genug, um die Fischer dunkler dagegen abzusetzen. Die beiden Figuren sind sich ohne viel Detail zugewandt und klar in ihrer Haltung erkennbar. Hier sind die richtigen Proportionen von Armen und Beinen wichtig, und die Größe der Figuren muss in der Relation zum Boot stimmig sein. Beide stehen hier auf Brettern erhöht im Boot. Steht ein Fischer weiter unten im Boot, ist der untere Teil der Beine nicht sichtbar, wie z.B. beim Fischer im roten T-Shirt (S. 65).

Ausschnitt 2

Das rechte Boot mit seinen Insassen liegt weiter hinten und ist daher heller im Tonwert. Der Fischer links davon ist noch etwas heller, da er sich weiter weg befindet. Das nennt man atmosphärische Perspektive. Die Figuren und das Boot sind hier kleiner als im Vordergrund und weniger farbig. Die Formen verschmelzen zunehmend, und die Farbübergänge sind weicher.

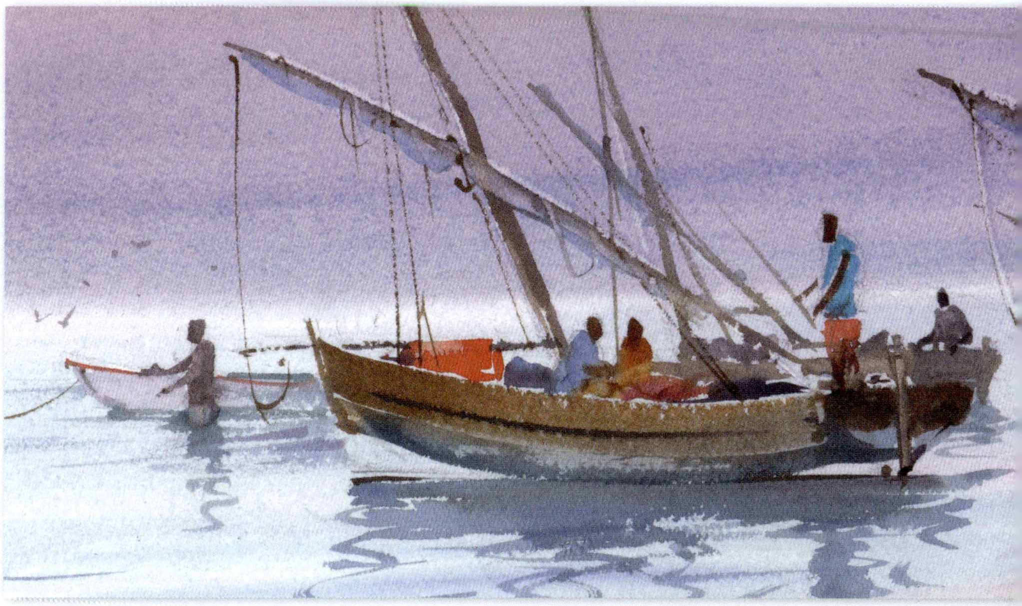

Vorgehensweise

Die ganze Bildfläche wird zunächst gut angefeuchtet. Die Farben Lasurorange, Alizarin-Karmesin und Französisch Ultramarin wechseln sich dabei ab. Hier ist darauf zu achten, dass Ultramarin nicht zu sehr mit Lasurorange gemischt wird, sonst ergibt es ein Braun. Der obere Teil des Wassers bleibt nahezu weiß, im unteren Teil finden sich die Farben des Himmels wieder. An dieser Stelle werden auf den Masten einige helle Stellen mit dem Spachtel gekratzt. Auf trockenem Untergrund zunächst das große und vorderste Boot malen, danach das rechte, etwas kleinere. Es folgen die Fischer in ihren bunten Hosen und T-Shirts. Hier gibt es eine Wiederholung der Farben des Hintergrundes, aber auch Kobalttürkis und Kadmiumrot. Die Masten sind in der Farbe dunkler als die daran befestigten, eingerollten Segel. Die hellen Boote im Hintergrund einfügen sowie die Möwen und die Takelage. Wenn alle Objekte gemalt sind, ist es Zeit, deren Spiegelung im Wasser zu malen.

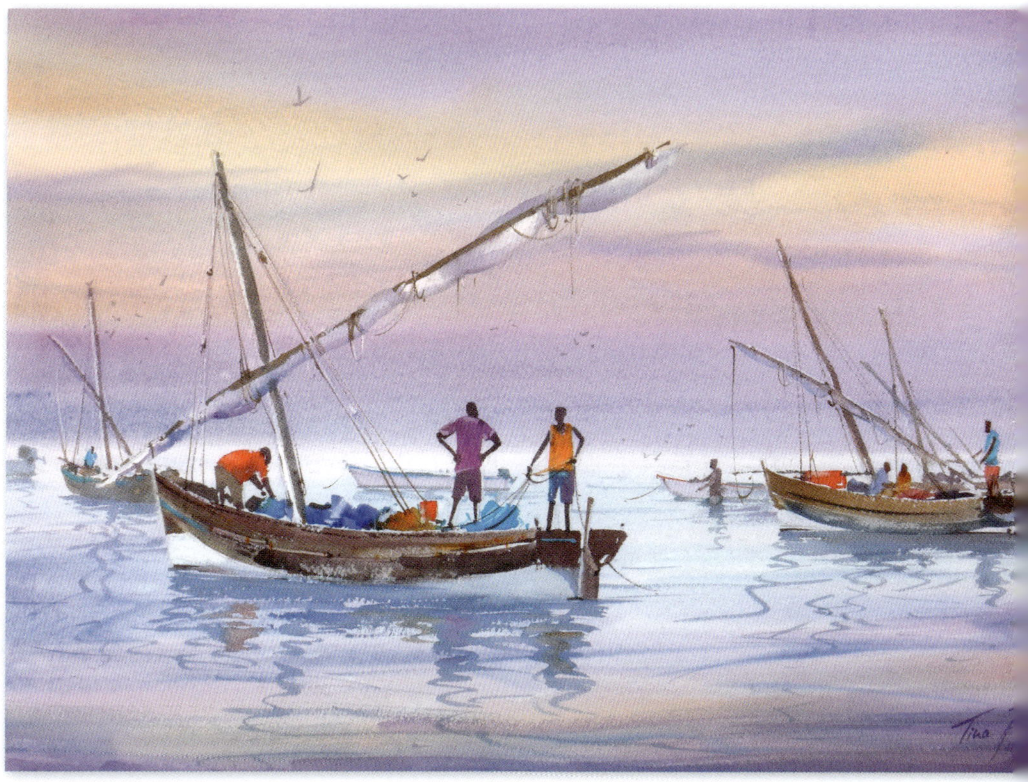

Endlich Regen

Du brauchst:

- Aquarellpapier Arches Feinkorn, 300 g/m²
- Aquarellfarben in
  - Siena natur,
  - Siena gebrannt,
  - Französisch Ultramarin
  - Coelinblau
- Skizzenblock
- Grafitstift
- Overhead-Folie oder Ähnliches
- wasserlöslicher Folienstift
- Malspachtel
- Pinsel s. S. 9

Ein kleines Dorf in Frankreich, nichts Spektakuläres. Wäre dir diese Szene als potenzielles Motiv ins Auge gefallen? Perfekte Malmotive sind eher selten. Unsere eigene Kreativität erlaubt es uns, aus einer noch so banalen Vorgabe ein ansprechendes Kunstwerk zu schaffen. Beginnt man mit der Malerei, fällt einen die Komposition vielleicht noch schwer, aber mit der Übung wird sie zunehmend leichter.
Es muss nicht immer Sonnenschein sein, auch Regenbilder haben ihren Reiz. Meist sind dann keine Modelle unterwegs, aber mit unseren UWOs ist das ja kein Problem mehr.

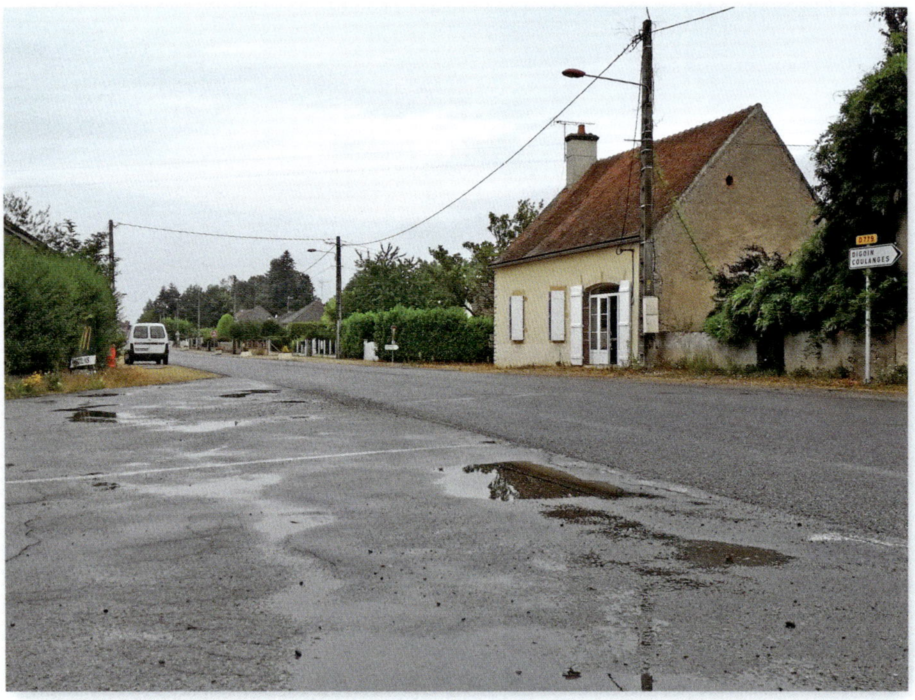

Motiv-Vorlage

Das Motiv-Foto zeigt schön die nasse Straße mit den Spiegelungen in den Pfützen, aber der Anteil der Straße nimmt genauso viel Platz im Bild ein, wie der obere Teil mit dem Haus. Dadurch gäbe es in der Komposition keine klare Dominanz. Reduziere daher den Vordergrund und gib dem Himmel mehr Raum, das erhöht die Spannung im Bild (1/3-2/3-Regel). Du kannst auch die Fläche des Himmels reduzieren und der Straße mehr Raum einräumen. Wichtig ist, dass du dich entscheidest, bevor du mit dem Aquarell beginnst.

Der Folien-Trick

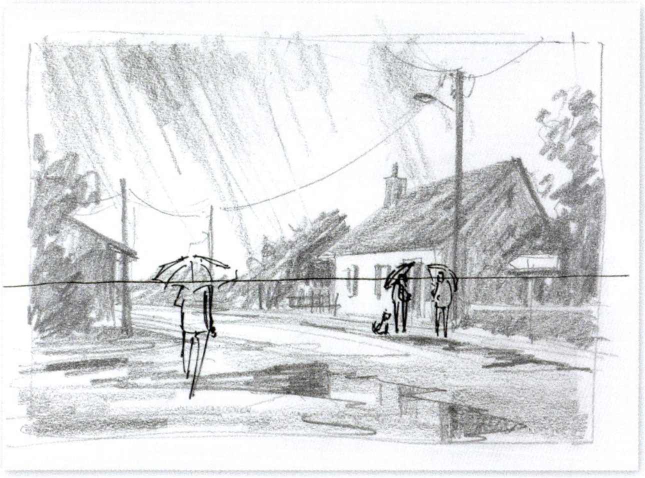

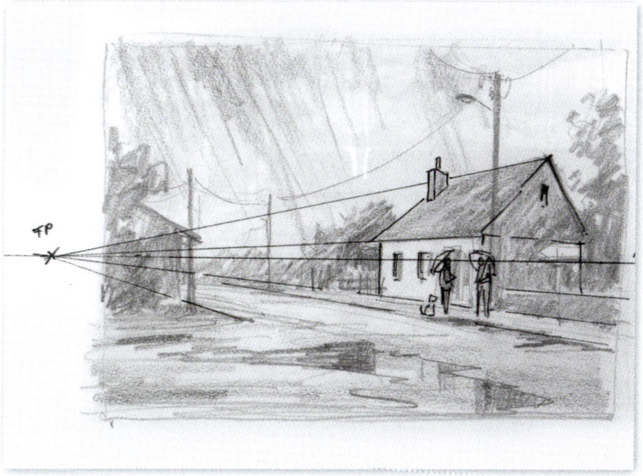

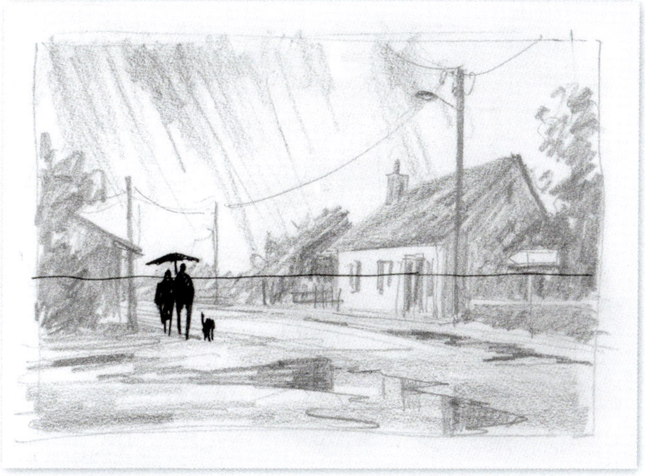

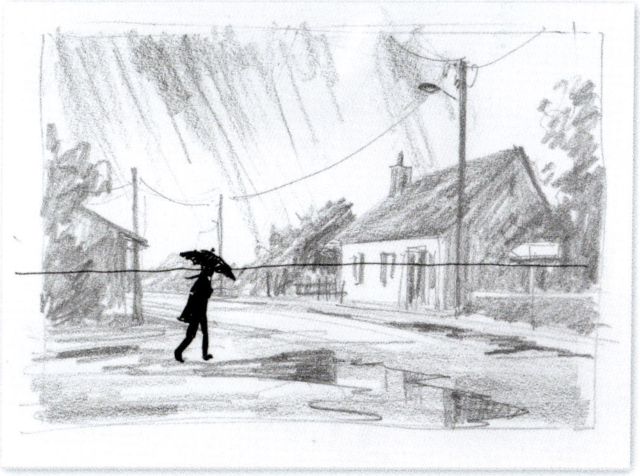

Tonwertskizzen

Fertige eine Tonwertskizze des Motivs an. Das Auto darf gerne im Bild bleiben, wenn es dir gefällt. Ich selbst mag Autos nicht so gern und habe es daher bei allen vier Varianten weggelassen. Du kannst auch jedes Mal eine neue Tonwertskizze anfertigen und die Figuren dementsprechend positionieren, aber mit der Folie spart es Zeit: Folie auf die Skizze legen, ausprobieren, wegwischen und neue Modelle einzeichnen. Oder du verwendest mehrere Folien und vergleichst deine Entwürfe miteinander. Es ist dein Bild, und du entscheidest dich für die Variante, die dir am besten gefällt. Am einfachsten ist hier die Augenhöhe des stehenden Betrachters zu wählen. Denke daran, dass auch die Fluchtpunkte des Hauses auf der Augenhöhe liegen. Ich habe mich für Version 1 entschieden.

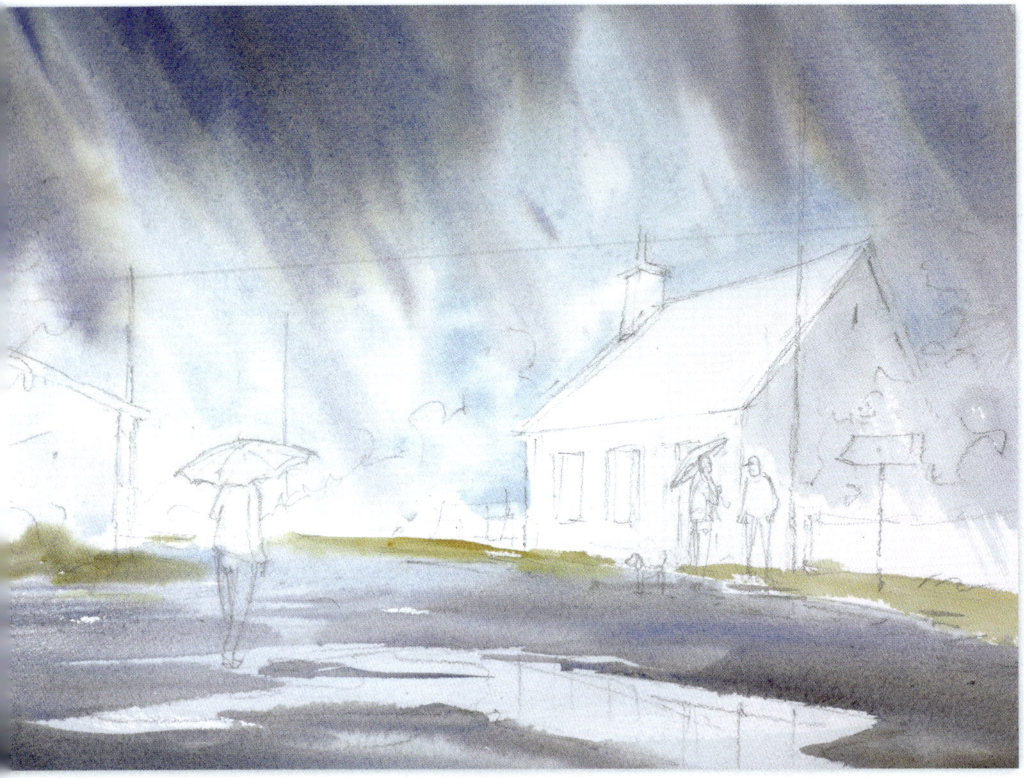

1. Schritt

Bereite eine Mischung aus Französisch Ultramarin und Siena gebrannt vor. Feuchte nun das Papier an, grundiere es etwas mit Coelinblau und lasse die vorbereitete Farbe auf dem feuchten Untergrund fließen. Dafür das Bild so halten, dass der Regen etwas schräg fällt. Hilf notfalls mit dem Pinsel nach, um den Regen zu steuern. Nimm dieselben Farben für die nasse Straße, aber spare die Pfützen dabei aus. Etwas Siena natur für den grasigen Straßenrand anlegen.

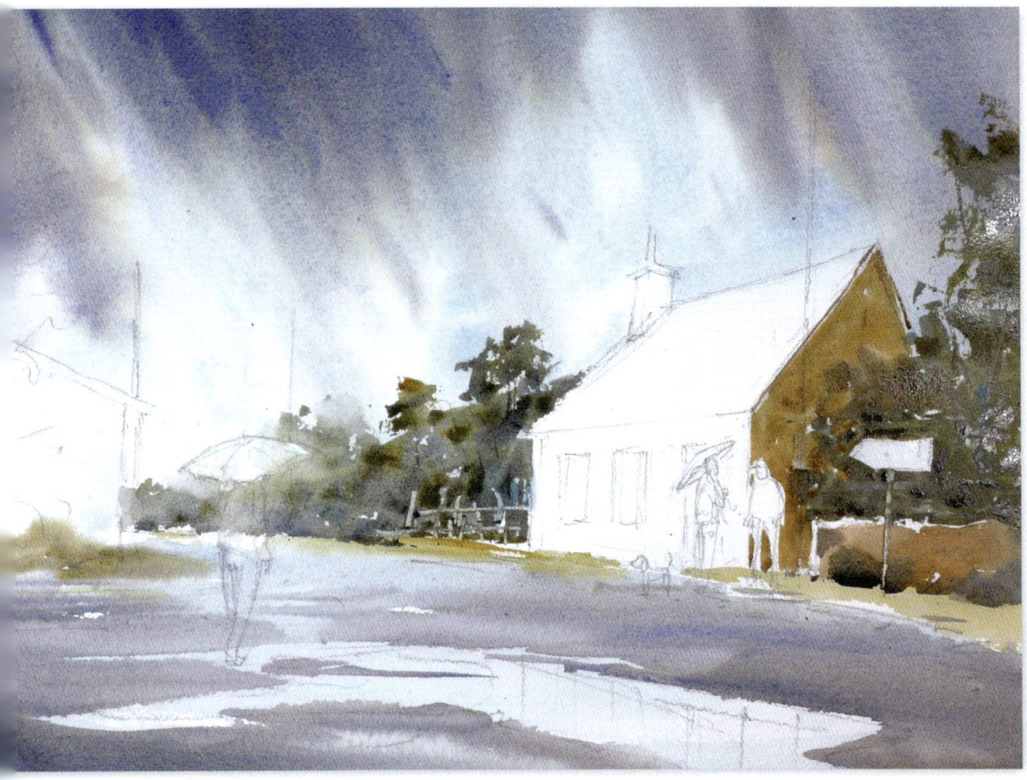

2. Schritt

Ist alles getrocknet, beginne links hinten mit den weiter entfernten Büschen und einer helleren Mischung aus Französisch Ultramarin, Coelinblau und Siena natur. Je weiter du nach vorn kommst, desto kräftiger werden die Bäume, und somit wird die Farbe pastoser. Äste und Zaun mit dem Spachtel auskratzen. Rechts darf sich der Baum mit der Farbe der Hauswand verbinden. Die Figur und das Schild aussparen.

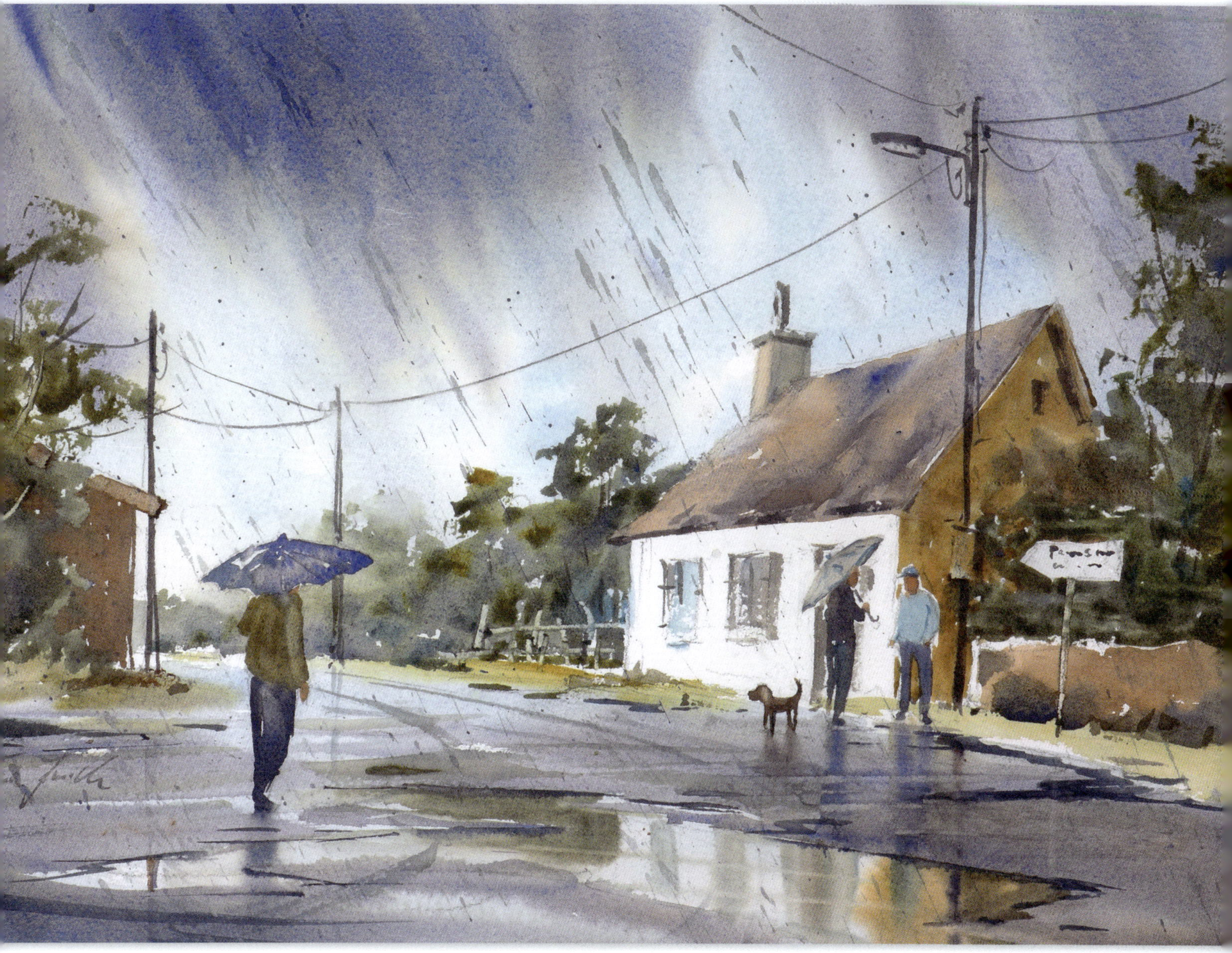

Fertiges Bild

Setze das Dach mit Schornstein auf das Haus und male die Mauer. Die Hütte auf der linken Seite bildet mit dem Baum das Gegengewicht. Bringe deine Figuren ins Bild. Um die Spiegelungen in die Pfützen zu bringen, solltest du erst den oberen Teil des Bildes fertigstellen, damit du weißt, was sich wo spiegelt. Jede Pfütze leicht mit klarem Wasser anfeuchten und dann die entsprechende Farbe des sich spiegelnden Objekts an die richtige Stelle setzen. Die obere Kante der Pfütze darf einen dunklen Akzent bekommen, dann tritt sie besser hervor. Ist alles getrocknet, ist es auch möglich, die Straße kurz anzufeuchten, um die Figuren rechts darin zu spiegeln. Soll es noch regnen in deinem Bild? Dann schlage den Pinsel mit Farbe geladen leicht gegen einen anderen Pinsel. Dabei sollte die Richtung dieser Spritzer der Richtung der Wolken aus Schritt 1 entsprechen. Probiere das Spritzen sicherheitshalber zunächst auf einem separaten Stück Papier aus.

Sunshine Lady

Du brauchst:

Aquarellpapier Arches Feinkorn, 300 g/m²

Aquarellfarben in
- Jaune brillant,
- Kadmiumorange,
- Siena gebrannt,
- Lavendel,
- Preußischblau,
- Neutraltinte

Malspachtel

Evtl. Maskierflüssigkeit

Pinsel s. S. 9

Werften sind eine Quelle unendlicher Inspiration, und die Boote sind aufgebockt oft viel interessanter, als wenn sie im Wasser schwimmen. Hier sind wir in Kalifornien, und die Sunshine Lady wartet auf einen Neuanstrich. Sicherlich ist der große Hügel im Hintergrund auch eine Option, um die weißen Flächen der Boote vor einer Dunkelheit gut zur Geltung zu bringen. Auch könnte man die Boote dunkler und den Hügel heller machen. Immer geht es darum, vor dem eigentlichen Aquarell die wichtigsten Entscheidungen zu treffen, um ein klares Konzept vor Augen zu haben. Ich habe mich hier für einen ganz anderen Hintergrund entschieden, wollte ich doch gerne das Meer mit im Bild haben. Und die Männer machen sich schon an die Arbeit.

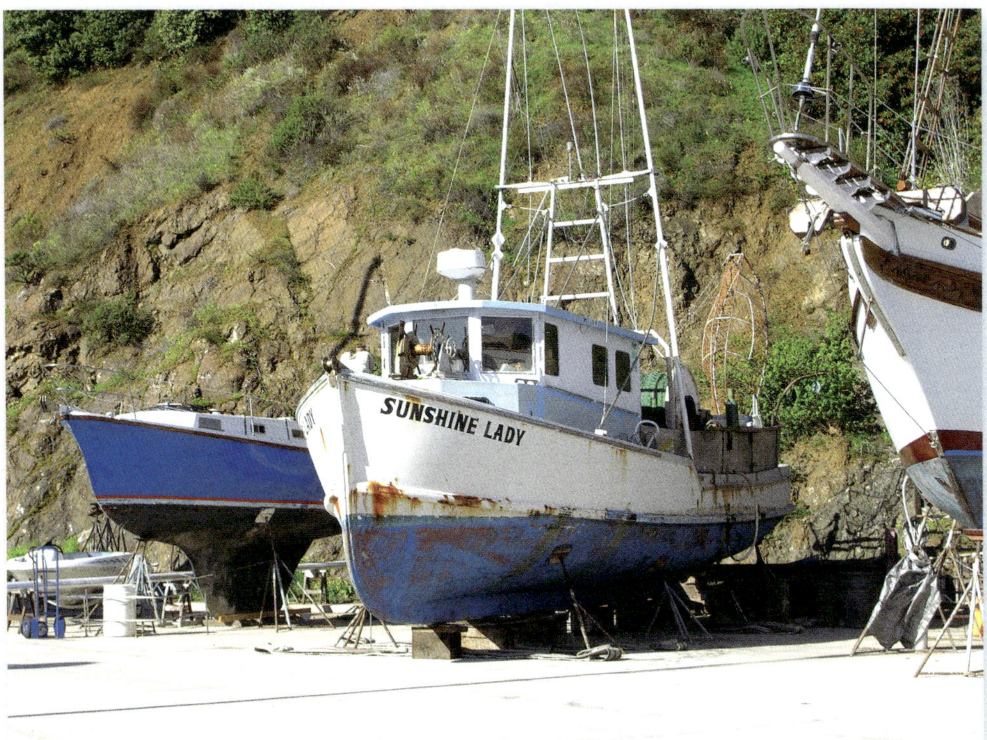

Motiv-Vorlage

Versuche, eigenständig eine Tonwertskizze anzufertigen. Lege darin fest, wie dunkel die Boote sein sollen und welchen Tonwert du als Hintergrund brauchst, um sie gut sichtbar zu machen. Wie viele Leute arbeiten an dem Boot? Sind sie gut platziert? Passen sie in der Größe zum Boot? Braucht es hier und da einen Farbeimer oder ein loses Brett, um die Bodenfläche aufzulockern? Sind die Stützpfosten an der richtigen Stelle? Gut durchdacht ist halb gemalt!

1. Schritt

Wenn es dir noch Mühe bereitet, weiße Flächen freizulassen, benutze Maskierflüssigkeit, um die Masten abzudecken. Mit viel Wasser und etwas Jaune brillant die hellen Flecken im Himmel malen und links in die Kajüte der Sunshine Lady ziehen. Dann etwas Lavendel neben das Gelb in den Himmel setzen und mit Preußischblau den Berg im Hintergrund anlegen. Für den Vordergrund Jaune brillant und Siena gebrannt ineinanderlaufen lassen. Links einige Geräte oder Farbtöpfe andeuten.

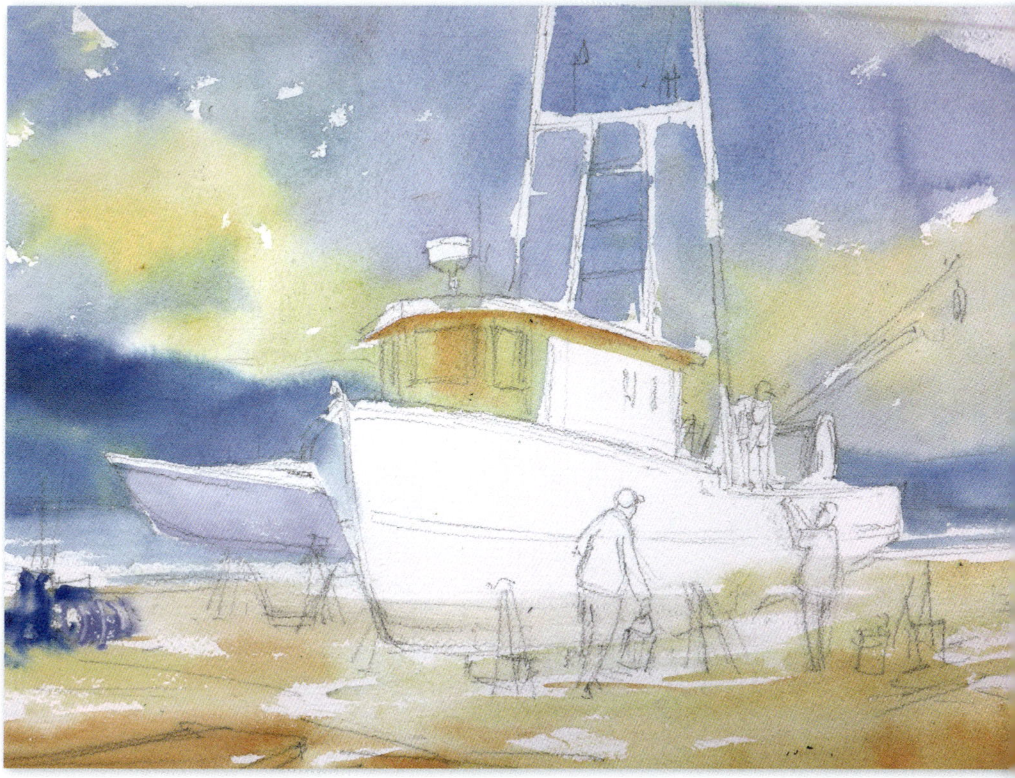

2. Schritt

Ist der Himmel getrocknet, male das Meer mit Preußischblau hinter die Boote. Eventuell zwei Bretter einkratzen, die links in einer Kiste stehen. Gib dem Segelboot oben einen Anstrich in Lavendel und male den Kiel in Neutraltinte und Preußischblau. Am besten gleich den Schatten in einem Fluss mit malen und die Stützbalken mit dem Malspachtel einkratzen. Nicht zu viel Detail ins hintere Boot malen, sonst drängt es sich zu stark in den Vordergrund.

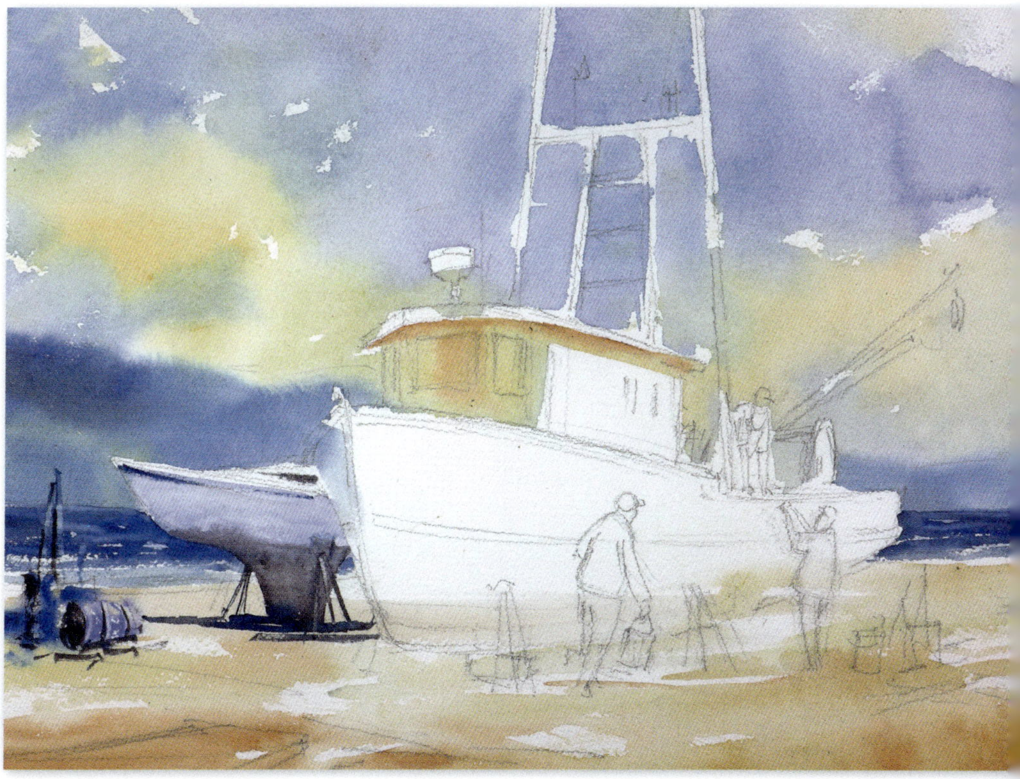

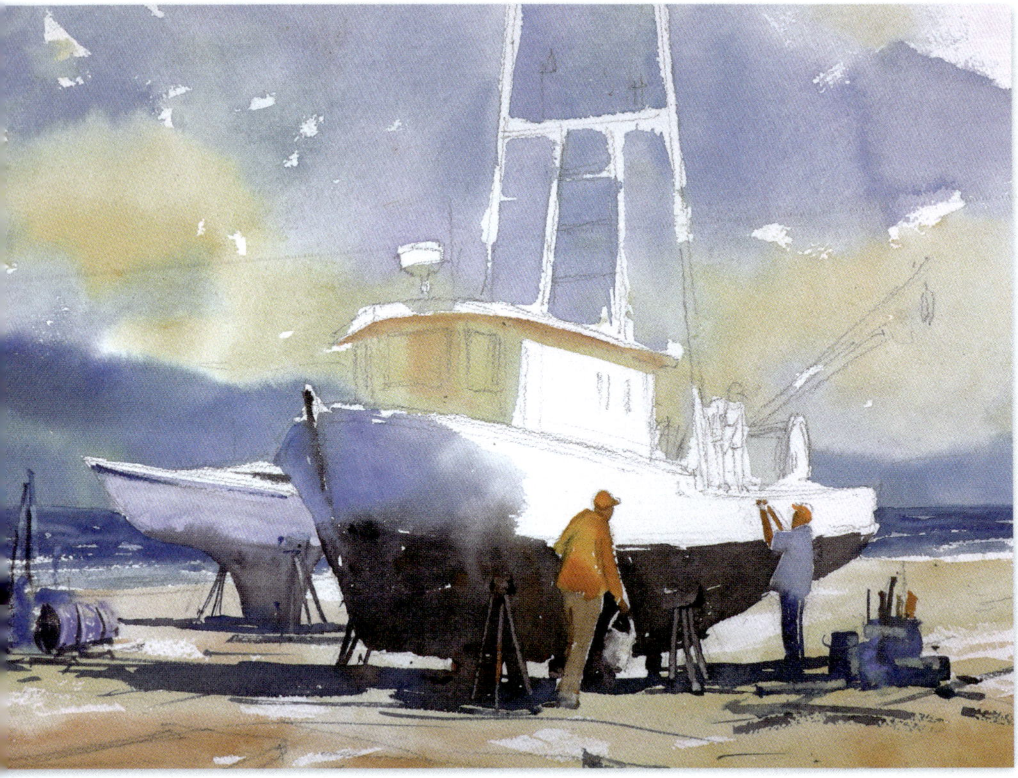

3. Schritt

Beginne oben am Bug der Sunshine Lady wieder mit Lavendel. Neutraltinte und Preußischblau beschreiben den unteren Teil des Bootes samt Schattenfläche, nur diesmal dunkler als im Segelboot dahinter. Die Arbeiter aussparen und, bevor die Farbe trocknet, die Stützbalken einkratzen. Die Arbeiter bunt anziehen und dabei auf die Tonwerte achten, sie sollen sich gut vom Boot bzw. Hintergrund abheben. Rechts haben ein paar Farbtöpfe Platz, und einzelne Bretter lockern den Vordergrund auf.

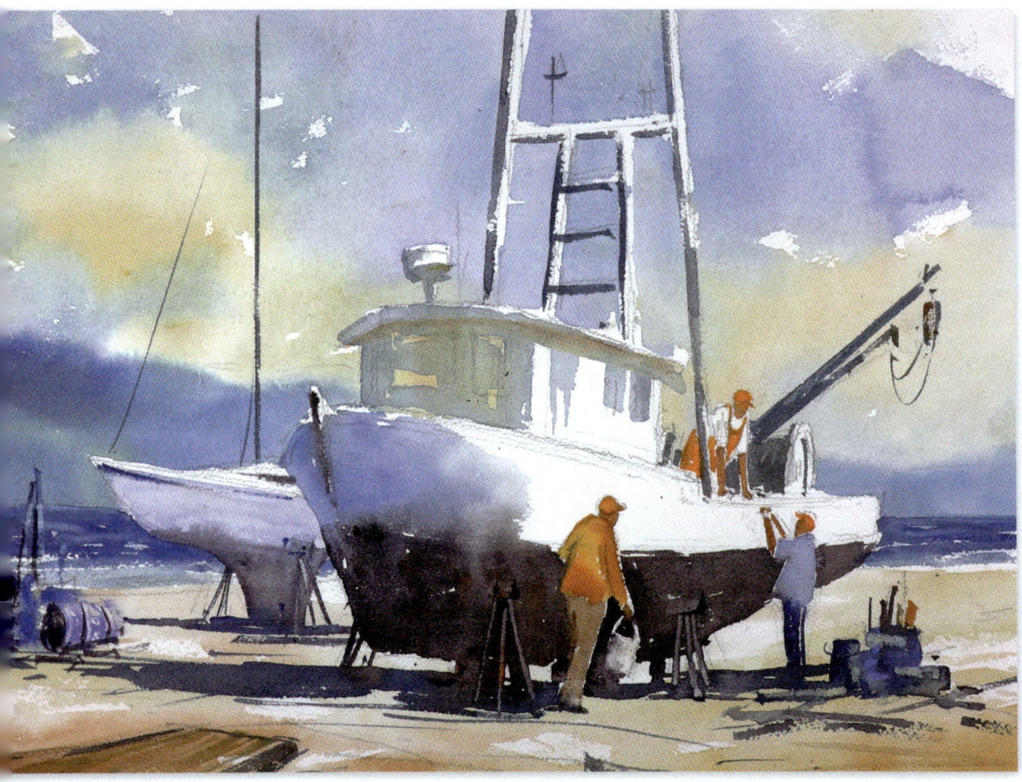

4. Schritt

Ziehe mit hellem Preußischblau einen Schatten über die linke Seite der Kajüte und rechts unter den kleinen Dachvorsprung. Male mit dem Schlepper den Mast des Segelbootes und setze jeweils auf die linken Seiten der Masten der Sunshine Lady einen dünnen Schattenstrich. Stelle den dritten Arbeiter auf das Boot und male ihm eine Latzhose aus Kadmiumorange. Deute die Netzrolle hinter ihm und den Auslegermast mit der Seilrolle an.

Tipp: Wenn du z.B. für das Farbband um den Rumpf eine andere Akzentfarbe wählst, wiederhole sie für die Farbharmonie irgendwo anders im Bild, idealerweise an drei Stellen.

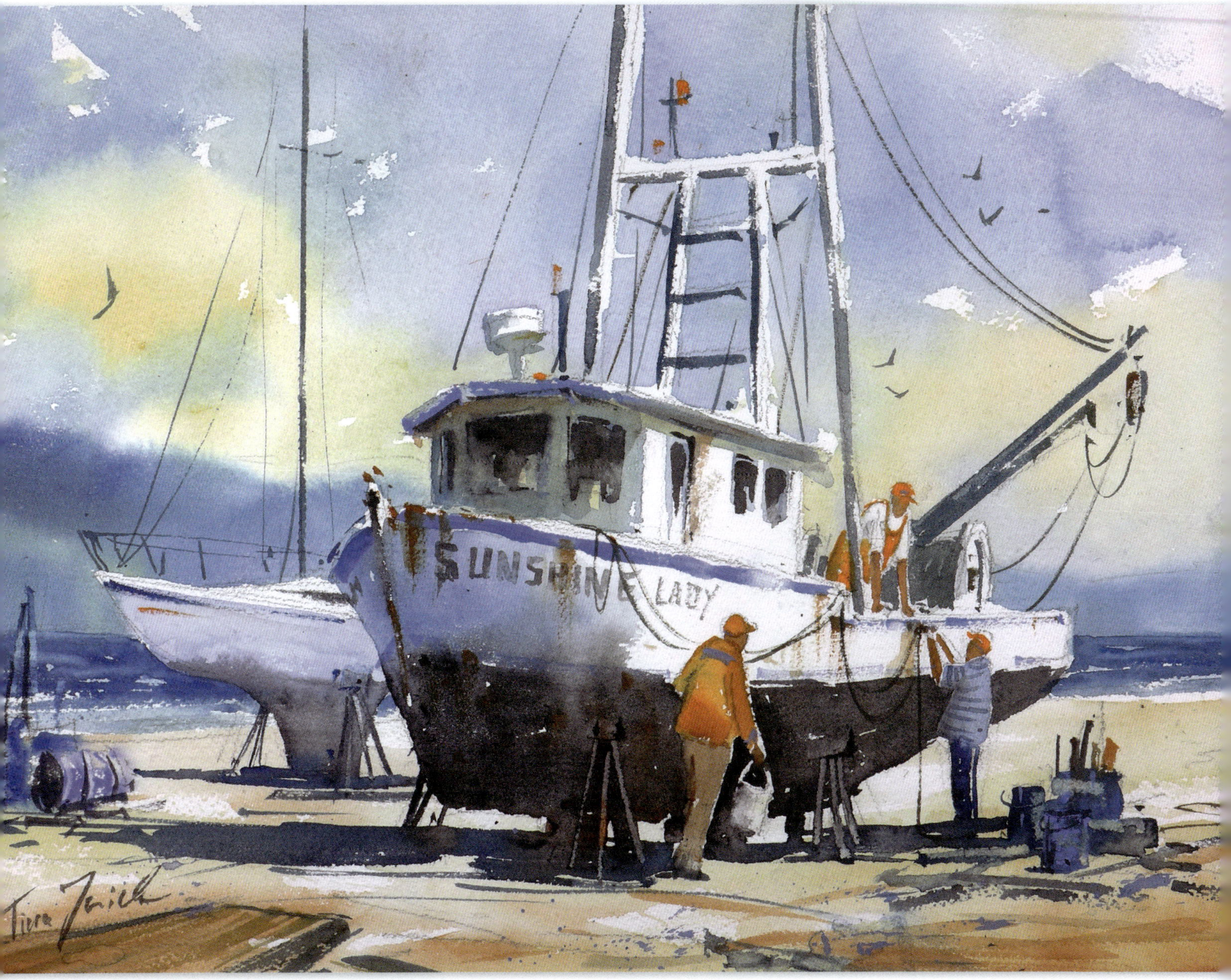

Fertiges Bild
Siena gebrannt ist wunderbar, um das Boot rostig aussehen zu lassen. Verteile den Rost ungleichmäßig auf mehrere Stellen. Nimm für die Dunkelheiten in den Fenstern die gleiche Farbe wie für den Kiel. Das Farbband um den Rumpf und das Dach in Lavendel malen. Lavendel wiederholt sich in den Farbtöpfen, im T-Shirt des rechten Arbeiters und in einem Strich auf der orangefarbenen Jacke des Mannes mit dem Eimer. Aus dem Handgelenk mit dem Schlepper die Takelage einziehen und einige Möwen durch das Bild fliegen lassen. Vielleicht gibst du dem Boot einen Namen deiner Wahl. Prüfe, ob noch Details fehlen oder ob dein Bild stimmig und bereits fertig ist. Weniger ist oft mehr, und es braucht nicht jedes Seil.

Schattenplatz

Du brauchst:

Aquarellpapier
Arches Feinkorn, 300 g/m²

Aquarellfarben in
- Siena natur,
- Lasurorange,
- Quinacridongold,
- Französisch Ultramarin,
- Kobalttürkis,
- Alizarin-Karmesin

Malspachtel

Pinsel s. S. 9

Um die Mittagszeit brennt die Sonne besonders vom Himmel herab, und alle suchen Schatten. Der „Star der Show“ ist hier der große Baum, aber die Figuren machen sich sehr gut als Nebendarsteller. Wichtig ist dabei immer, dass die Komposition in der Balance ist. Hätte ich nur das verliebte Pärchen gewählt, dann hätte ich sie sicherlich links vom Baum platziert als Gegengewicht zu seiner dominanten Form. Die Figuren befinden sich allesamt im Schatten des Baumes und sind daher dunkler als der Hintergrund.

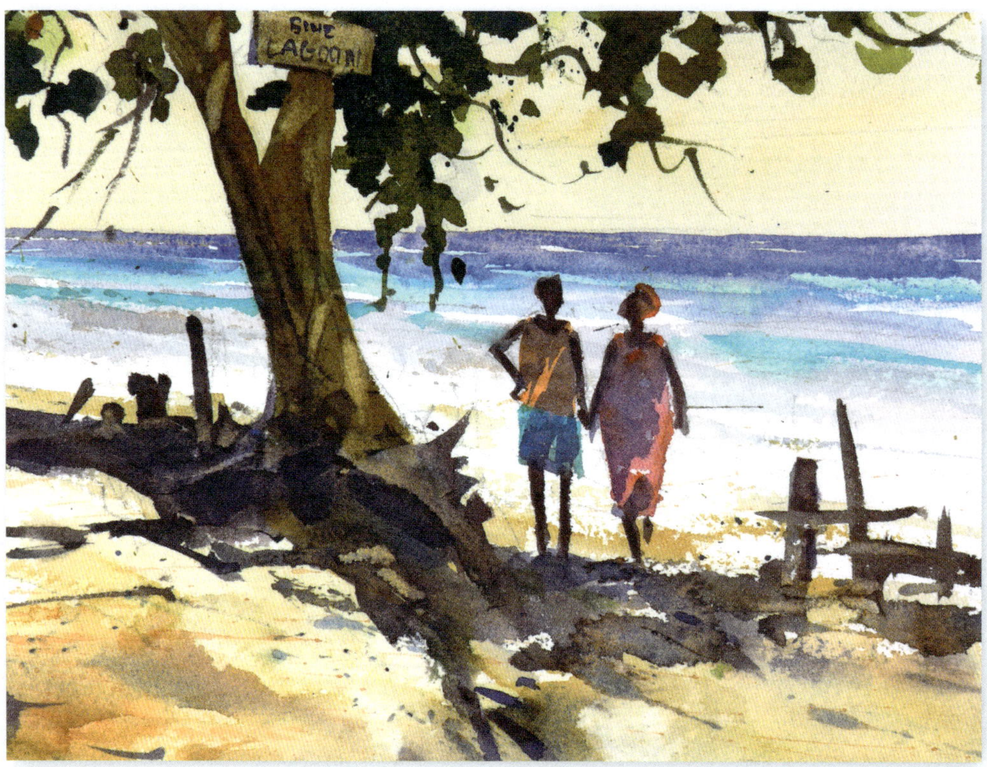

Ausschnitt 1
Kneift man die Augen etwas zusammen, sieht man gut, dass die Figuren, die Pfosten und der Baum mit seinem Schatten eine zusammenhängende Form bilden, die annähernd den gleichen Tonwert hat. Die Sonnenflecken, die auf den Figuren im Schatten liegen, wurden ausgespart. Helligkeiten und Dunkelheiten passen wie Puzzle-Teilchen ineinander.

Ausschnitt 2
Der Junge links sitzt in der Lücke zwischen Baum und Bildrand, auf etwa ⅓ zu ⅔. Die Mitte sollte man vermeiden, da das schnell langweilig wirkt. Die hellen Sonnenflecken sind mit einem feuchten Pinsel leicht ausgewaschen. Für die Position der Beine in dieser Haltung kann man gut ein M hinter dem U verwenden. Auch diese Figur ist mit dem Schatten des Baumes verbunden.

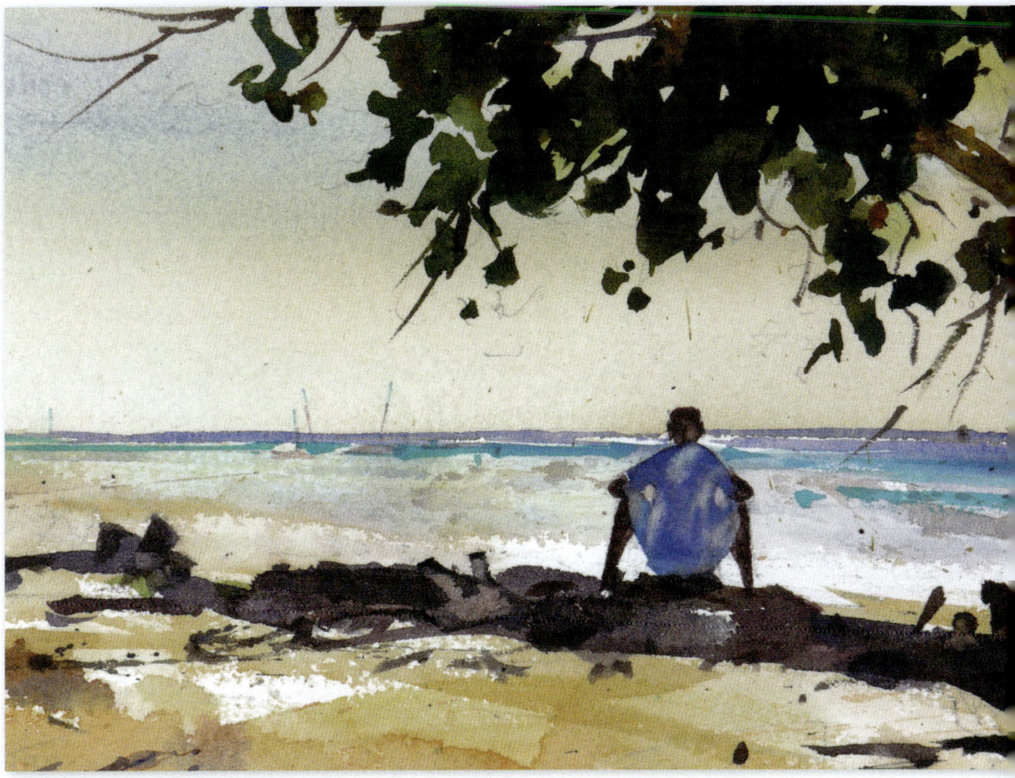

Vorgehensweise
Das ganze Blatt anfeuchten. Siena natur darf leicht in den Himmel laufen, und auch der Sand im Vordergrund wird mit Siena natur angelegt. In die noch feuchte Fläche sogleich etwas Französisch Ultramarin und einen Hauch von Kobalttürkis hinzufügen. Auf trockenem Papier geht es weiter mit Quinacridongold, Siena natur und Französisch Ultramarin für das Laub des Baumes, nach oben heller (mehr Gelb und mehr Wasser) und nach unten dunkler (mehr Blau und weniger Wasser). Lasurorange und Französisch Ultramarin ergeben ein sehr lebendiges Braun für den Stamm. Den Schatten des Baumes nach links und rechts auf den Strand fallen lassen und die Pfosten setzten. Das Meer dahinter mit Französisch Ultramarin beginnen, dann in Kobalttürkis übergehen und zum Strand hin auslaufen lassen. In der Kleidung der Figuren wiederholen sich die Farben von Meer und Strand. Für die Hautfarbe der Figuren die dunkle Schattenfarbe verwenden.

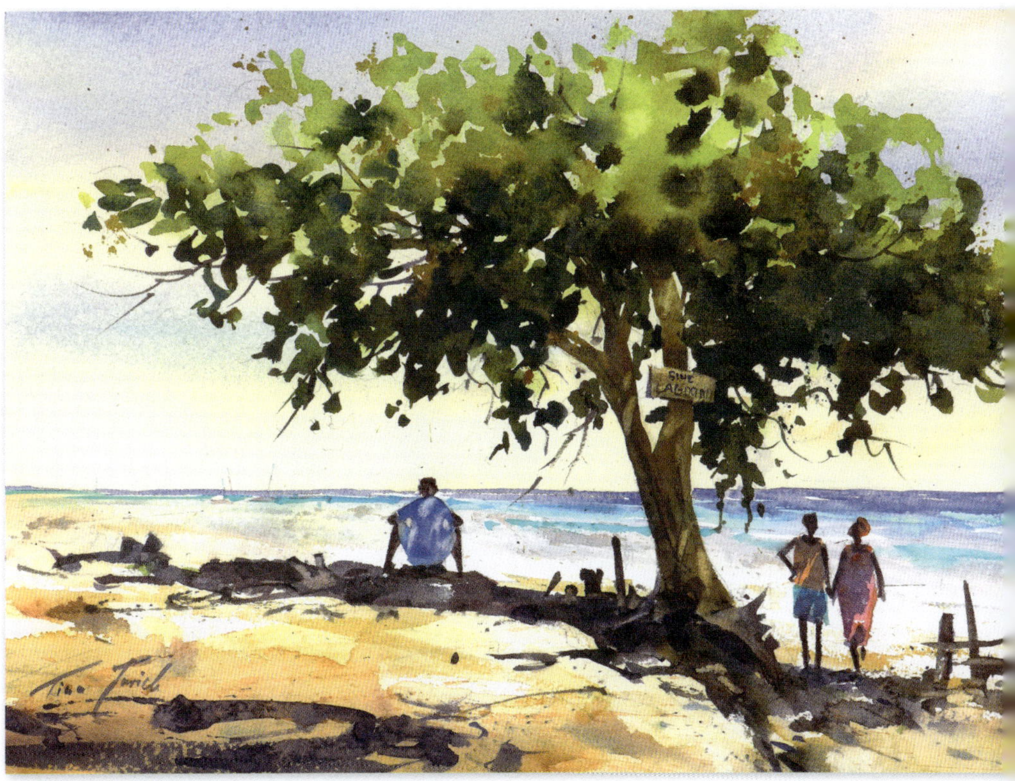

Berbermarkt

Du brauchst:

Aquarellpapier
Arches Feinkorn, 300 g/m²

Aquarellfarben in
- Coelinblau,
- Caput Mortuum,
- Siena natur,
- Lasurorange,
- Grünoliv,
- Preußischblau

Malspachtel

Pinsel s. S. 9

In den ländlichen Regionen Marokkos gibt es an einem Tag in der Woche Markt. Die Menschen kommen aus den umliegenden Dörfern, um für die ganze Woche einzukaufen, Neuigkeiten auszutauschen oder zum Friseur zu gehen. Es ist ein buntes Treiben.

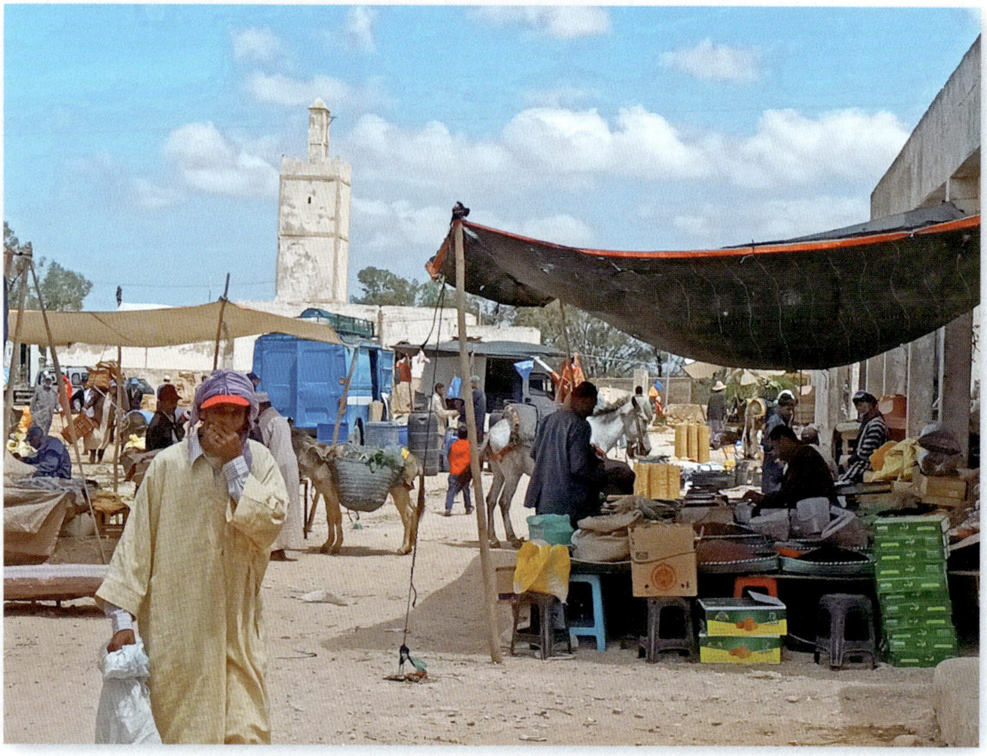

Tipp: Kneife die Augen zusammen, sodass du das Motiv gerade noch siehst. Dann verschwinden die kleinen, unnötigen Dinge, und du kannst dich auf die großen, wichtigen Formen konzentrieren.

Motiv-Vorlage

Bei Fotos von malerischen Szenen stehen die wichtigen Figuren meist nicht da, wo man sie gerne hätte. Die Verkäufer in den Ständen halten recht still, aber sonst ist alles in Bewegung. Der Mann links im Bild könnte auch als Anschnitt funktionieren, um das Auge ins Bild zu führen (siehe Essaouira S. 26). Wenn du etwas auf einem Foto nicht erkennen kannst, lasse es weg oder ersetze es durch etwas, das du kennst. Man kann nichts malen, das man nicht versteht. Die größte Schwierigkeit bei einer komplexen Szene ist, sie zu reduzieren und nicht alles in der Komposition unterbringen zu wollen, was zu sehen ist. Was den Weg ins Bild findet und was weggelassen wird, ist eine persönliche Entscheidung, denn diese bestimmt die Geschichte, die du mit deinem Pinsel erzählen möchtest.

Tonwertskizze
Hier ist eine Tonwertskizze besonders zu empfehlen, um zu entscheiden, welche Elemente des Fotos den Weg ins Bild finden sollen. Zeichne die Augenhöhe als Hilfslinie ein, setze die Köpfe darauf und passe die Körper in der jeweiligen Größe und Proportion an. Die Sonnensegel sind vorn höher und größer, nach hinten kleiner und tiefer gesetzt. Die Figur vorn links darf detaillierter sein, sie ist dem Betrachter am nächsten.

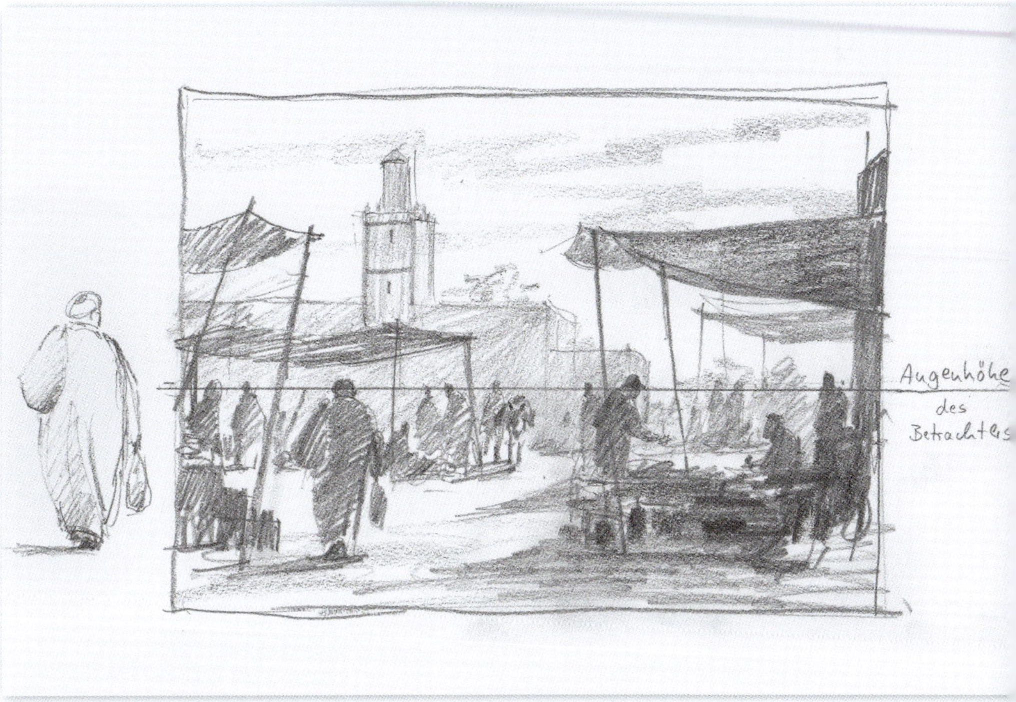

1. Schritt
Feuchte den Himmel leicht mit klarem Wasser an. Lasse unten eine leichte Lasur von Siena natur hineinlaufen und lege im oberen Teil Coelinblau an. Male ruhig über die Moschee, sie wird später sowieso dunkler. Im Vordergrund wiederholen sich die Farben des Himmels, und es kommt Caput Mortuum dazu. Die Farben nebeneinander aufs Papier setzen und verlaufen lassen, nicht auf der Palette zusammenmischen. So wirken die Farben lebendig und werden nicht grau.

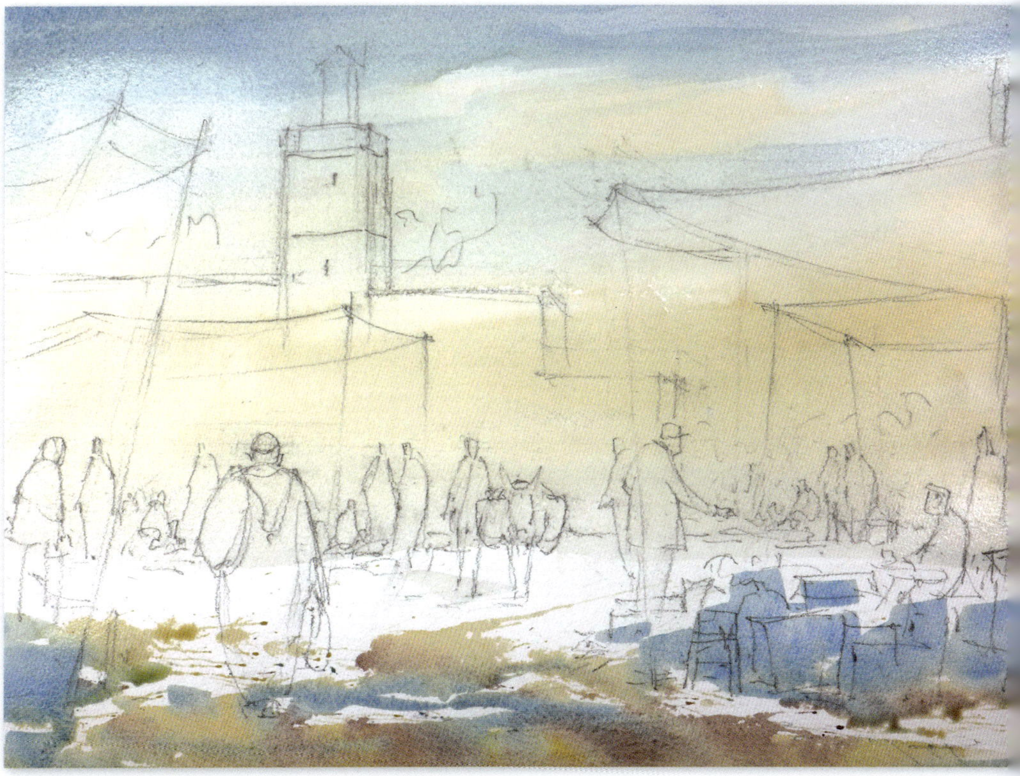

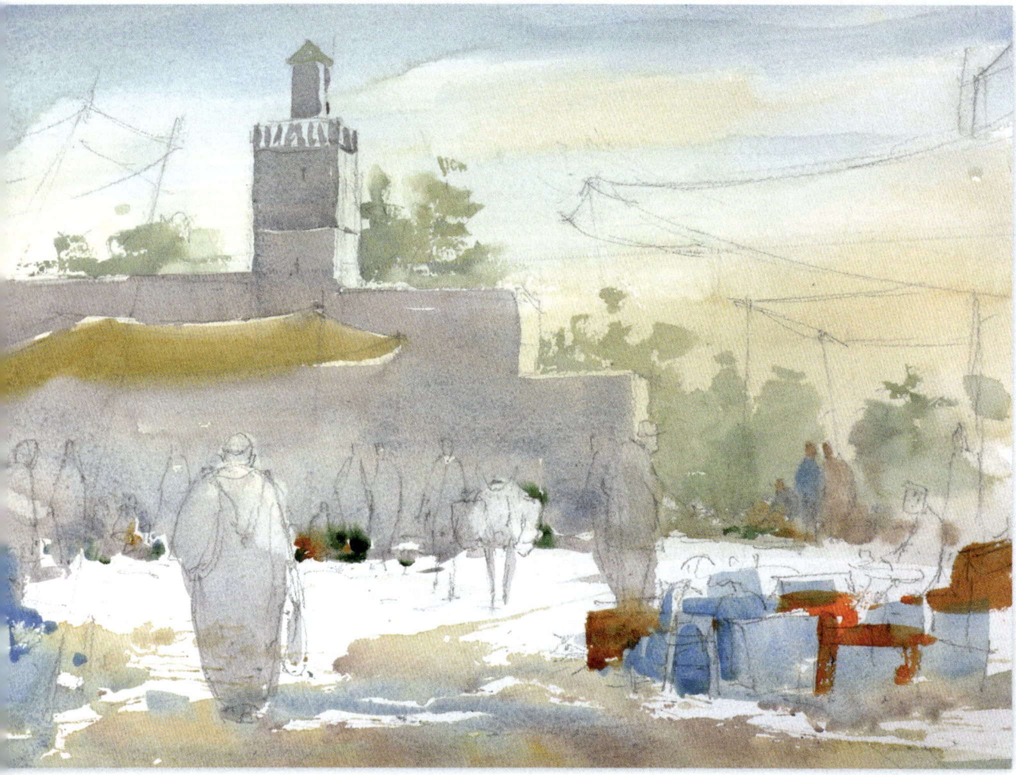

2. Schritt

Caput Mortuum und Coelinblau ergeben ein warmes Grau für die Moschee. Das Sonnensegel vor der Moschee in Siena natur einziehen. Die hellen Büsche im Hintergrund mit Grünoliv und Siena natur malen. Sie müssen hinter der Moschee bleiben, also nicht zu weit nach unten malen. Damit die Blätterstruktur entsteht, den Pinsel dabei recht trocken über das raue Papier führen. Die ersten Figuren in der Distanz andeuten, hier und da etwas Gemüse auf dem Boden malen und den beiden Ständen vorn ein paar Farbakzente geben.

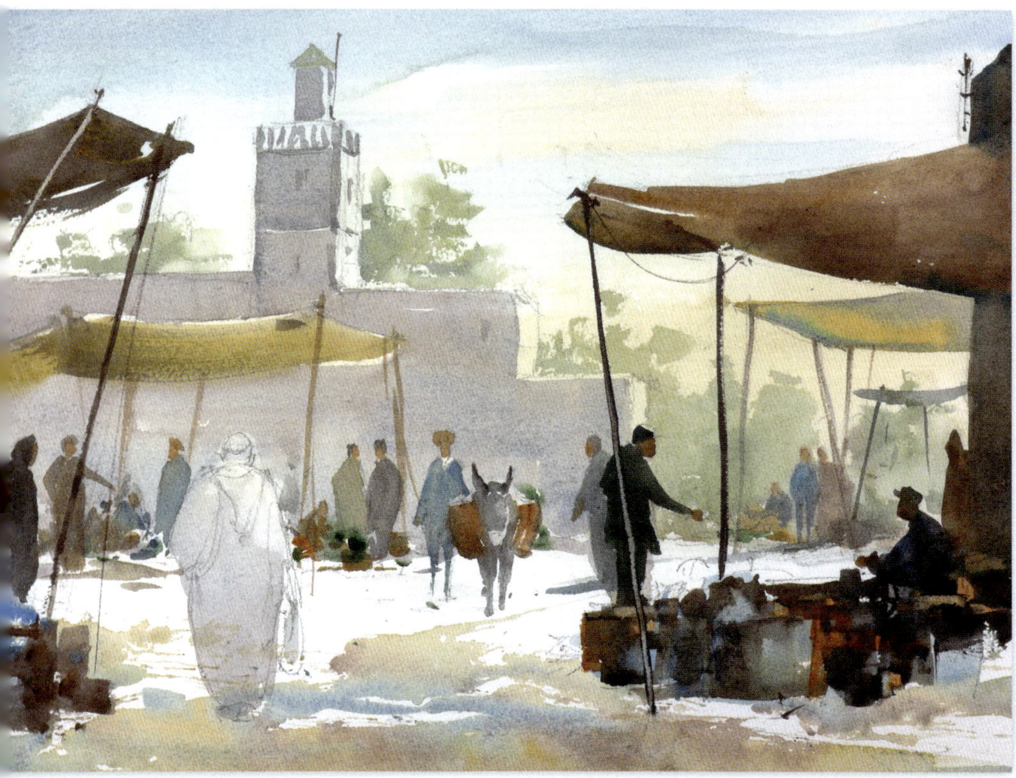

3. Schritt

Je weiter deine Figuren und die Sonnensegel entfernt sind, desto blasser sollten sie in der Farbe sein. Je weiter sie nach vorn kommen, desto kräftiger wird die Farbe. Das bedeutet weniger Wasser und mehr Pigment im Pinsel. Achte auch auf die richtigen Größenverhältnisse. Versuche, den Verkaufsstand rechts in einer zusammenhängenden Form zu malen. Wenn möglich die Stützpfosten mit dem Malspachtel kratzen, wenn nicht, dann mit dem Schlepperpinsel hinzufügen.

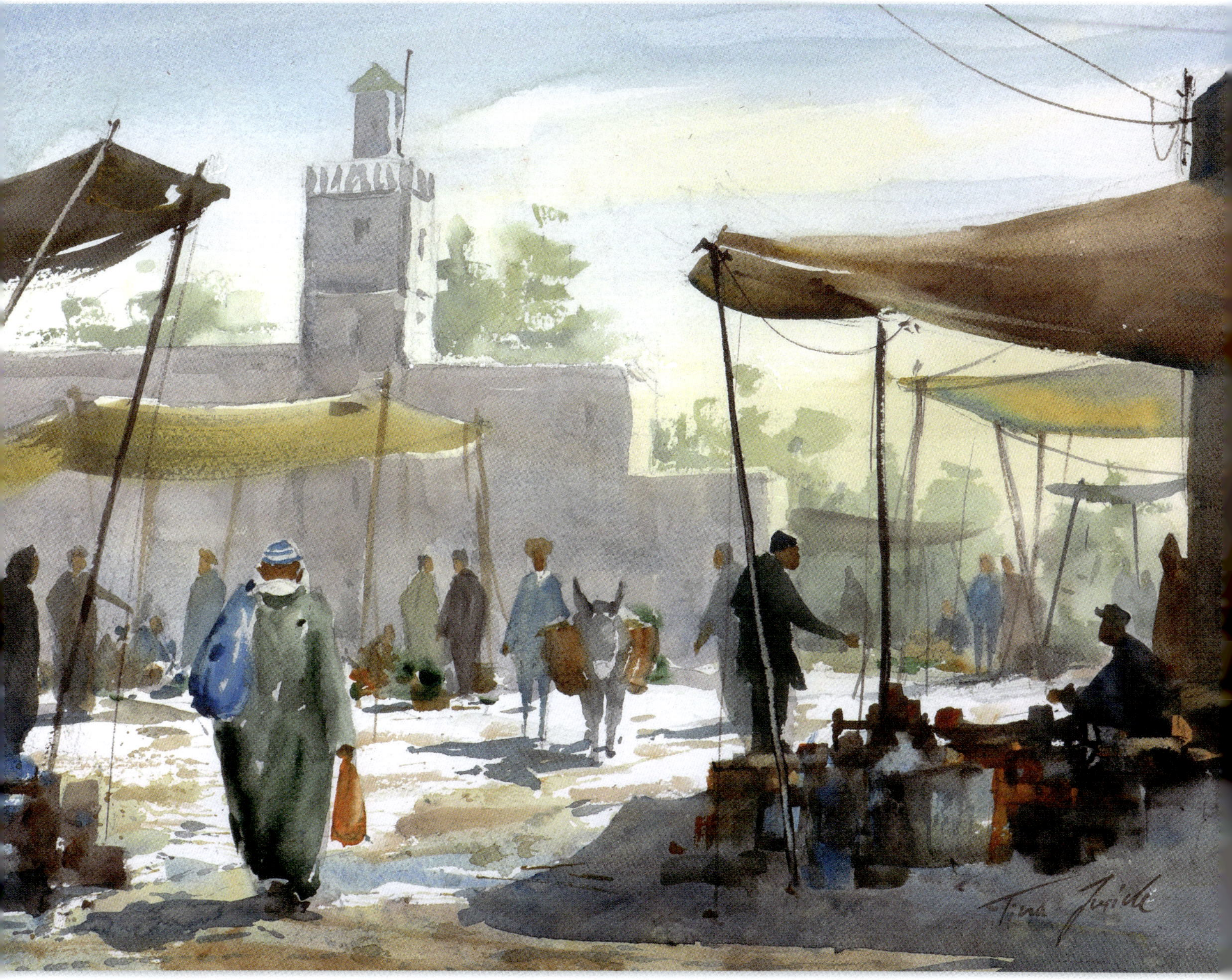

Fertiges Bild

Das Gewand des Berbers ganz vorn mit Grünoliv malen. Er trägt schon seine Einkäufe über der Schulter und hat eine Tasche in der Hand. Ein Paar abstehende Ohren und eine kleine Kopfbedeckung lassen ihn interessanter als die anderen Figuren im Bild erscheinen. Mische für die Schattenfarbe Preußischblau und Caput Mortuum. Alle Figuren, der Esel und der Stand rechts haben einen Schatten, der nach links fällt. Prüfe, ob die Moschee vielleicht noch etwas dunkler sein sollte, vielleicht im Hintergrund noch die eine oder andere Figur Platz hat oder ob es noch ein paar Spritzer Farbe im Vordergrund für mehr Lebendigkeit braucht. Die Stromleitung ist ein weiterer kleiner Akzent, aber nicht zwingend notwendig. Es kann schwierig sein, den richtigen Zeitpunkt zum Aufhören zu finden.

Fischmarkt von Venedig

Du brauchst:

Aquarellpapier
Arches Feinkorn, 300 g/m²

Aquarellfarben in
- Französisch Ultramarin,
- Lavendel,
- Kadmiumrot,
- Siena natur,
- Siena gebrannt,
- Lasurorange,
- Kobalttürkis,
- Coelinblau,
- Titanweiß

Malspachtel

Pinsel s. S. 9

Der Fischmarkt von Venedig ist ein Muss für jeden Maler und vor allem bekannt durch die leuchtend roten Planen, die als Sonnenschutz zwischen den alten Säulen hängen. Künstler aller Jahrhunderte haben dort gemalt, und man sieht es an den bunten Spuren an den Steinwänden, die voll sind mit Farbspritzern in Acryl und Öl. Die Aquarellspritzer hinterlassen hier keinen so bleibenden Eindruck.
Früh beginnt hier das Treiben, und wer vor Ort malen möchte, tut dies am besten, bevor die Touristen ausschwärmen, so zwischen 7 und 9 Uhr. Irgendwo findet man immer eine Ecke mit einer Mauer im Rücken als Abschirmung gegen zu neugierige Blicke. Doch vor Ort zu malen ist schwieriger, denn alles ist in Bewegung, und manchmal wird es hier von unten her feucht.

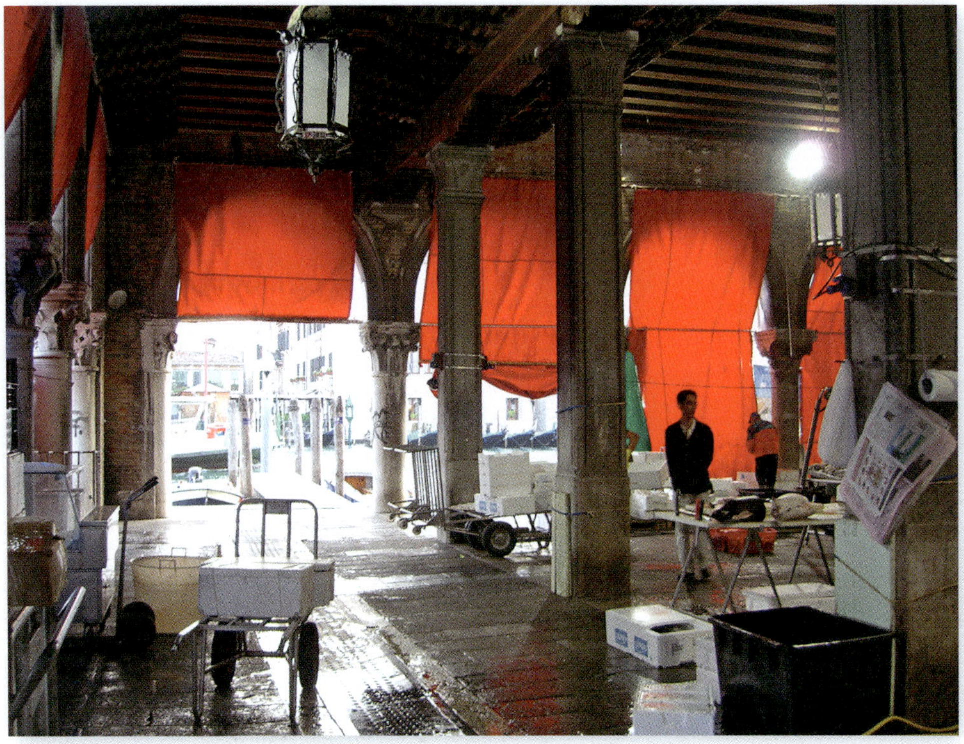

Motiv-Vorlage
Ich war so früh dort, dass der Fisch noch in Kühlkisten herumstand und das Verkaufspersonal damit beschäftigt war, ihn auf die Stände zu verteilen. Leider stand für das ideale Foto wieder niemand an der richtigen Stelle. Aber mit den UWOs sind schnell ein paar neue Mitarbeiter eingestellt, die sich um die Kisten kümmern und genau da stehen, wo du sie haben möchtest. Der Hintergrund ist nicht wichtig und wird nur grob angedeutet.

Tonwertskizze

Fertige eine Tonwertskizze an. Die Säulen und die Decke müssen recht dunkel werden, damit das Licht in den Torbögen zu leuchten beginnt. Jedes der drei roten Sonnensegel soll eine etwas andere Form bekommen. Haben deine Säulen unterschiedliche Abstände voneinander für mehr Spannung? Zeichne die Augenhöhe leicht ein, dann hast du einen Anhaltspunkt, wo die Köpfe deiner Fischverkäufer zu platzieren sind. Das Gleiche kannst du bei der Übertragung auf das Aquarellpapier tun.

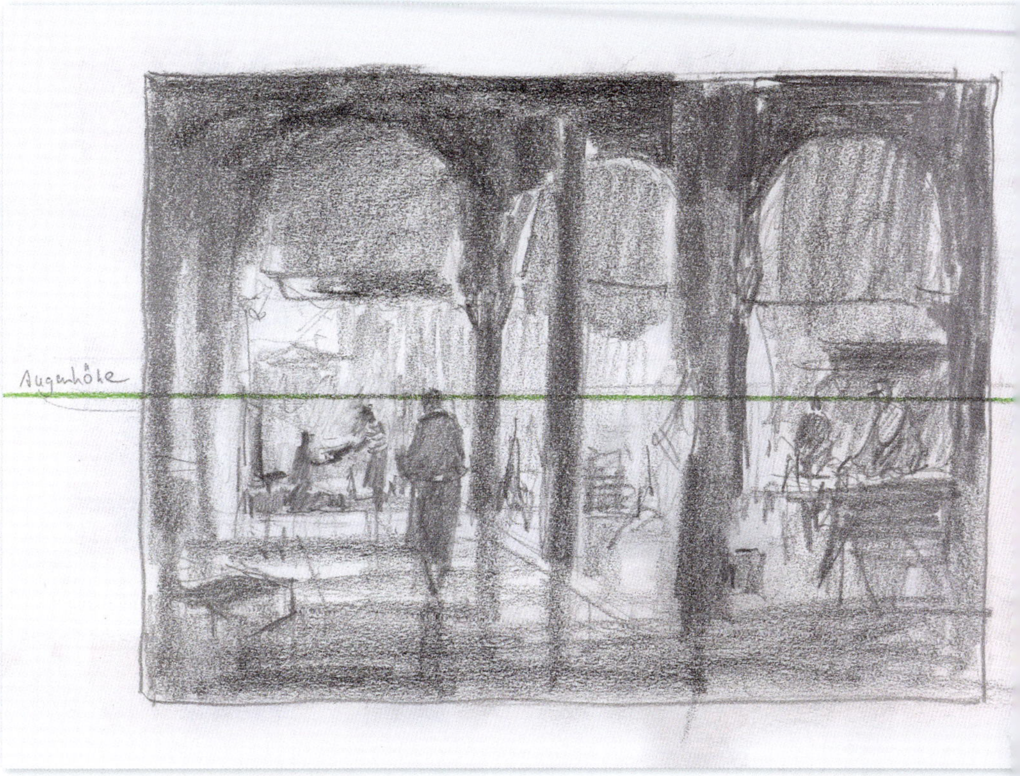

1. Schritt

Feuchte das Papier mit klarem Wasser an. Lege mit Siena natur eine leichte Lasur in die Durchblicke und in den Vordergrund. Deute mit Coelinblau und Lavendel Gebäude im Hintergrund an. Nimm zartes Siena gebrannt für das Dach und ganz vorn für die Bodenfläche. Ist dein Papier noch feucht genug, deute mit Siena natur und Ultramarin schon etwas die Säulen an. Wenn das Papier aber schon zu trocken ist, lasse es lieber ganz trocknen. Das Boot, das den Fisch bringt, malst du mit Französisch Ultramarinblau oder mit Kadmiumrot, wie es dir besser gefällt.

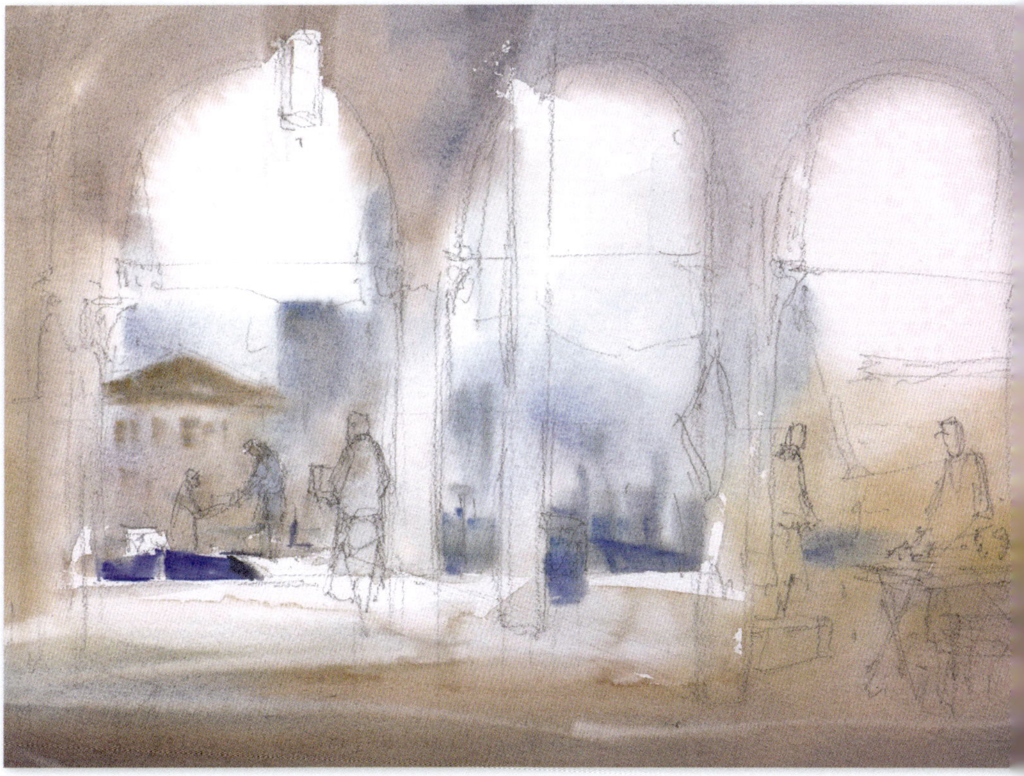

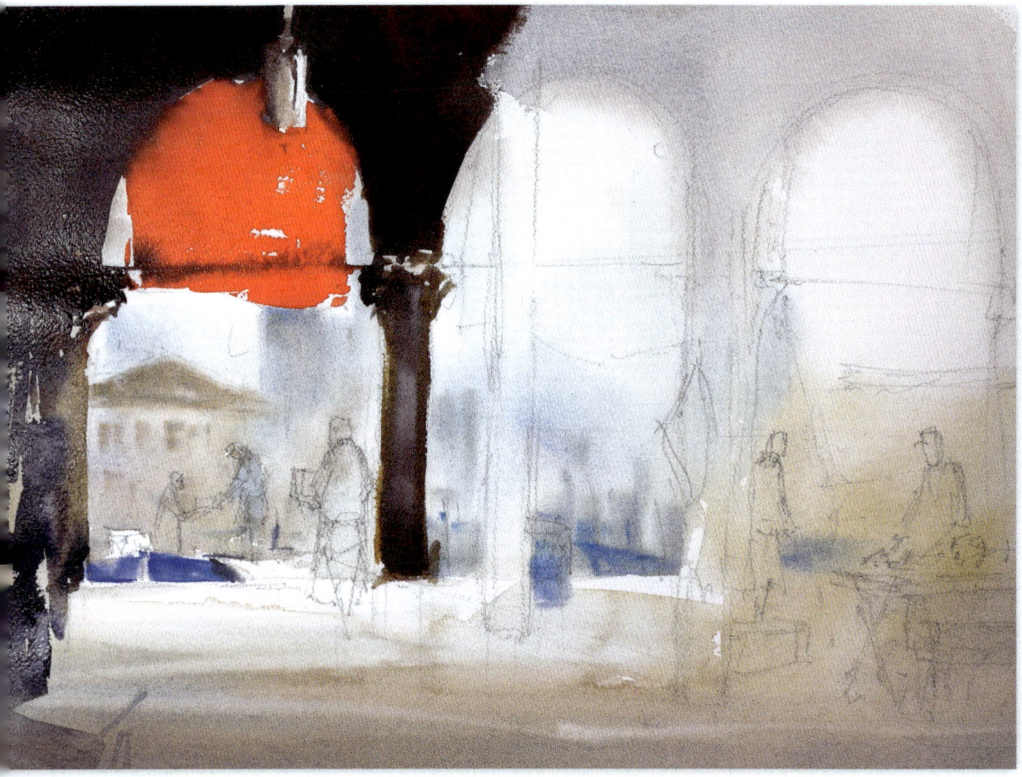

2. Schritt

Bereite nun mit Französisch Ultramarin, Siena natur und Kadmiumrot eine große Pfütze auf deiner Palette vor. Alle drei Farben gemischt ergeben das lebendige Dunkel für die Bögen und Säulen. Wenn du Rechtshänder bist, beginne mit dem Malen der Bögen links, Linkshänder malen besser von rechts nach links. Steht der erste Bogen, nimm pures Kadmiumrot und lege das Sonnensegel so an, dass sich ein weicher Übergang zum Bogen bildet. Mit dem Pinsel nicht zu viel Wasser aufnehmen, sonst gibt es Rückläufe.

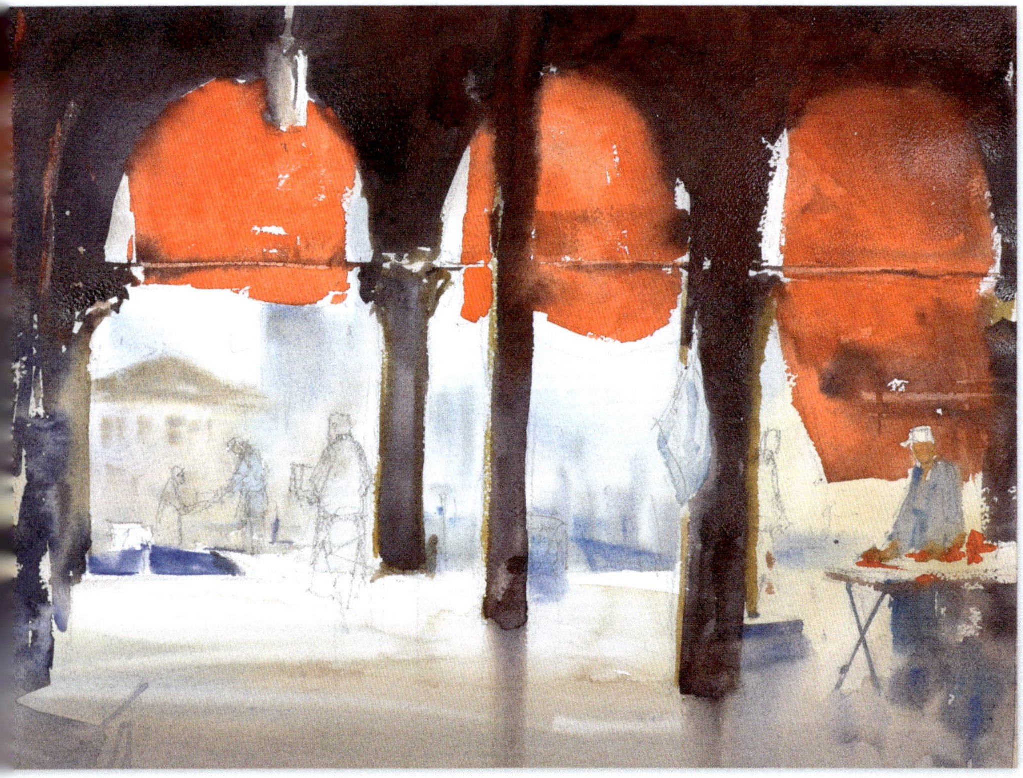

3. Schritt

Arbeite dich zügig durch die Bögen und lege die roten Segel wieder so an, dass die Kanten oben leicht verschwimmen. Denke daran, jedes Segel ein wenig anders zu gestalten und wenn möglich die Segelstangen mit dem Malspachtel zu kratzen. Steht einer deiner Arbeiter vor einem Segel, spare ihn als negative Form aus. Male die beiden Säulen in der Mitte ebenfalls mit der dunklen Farbe der anderen Säulen. Setze mit Siena natur Lichtkanten an die Säulen. Hier und da schon eine Kiste andeuten oder Tüten an eine Säule hängen.

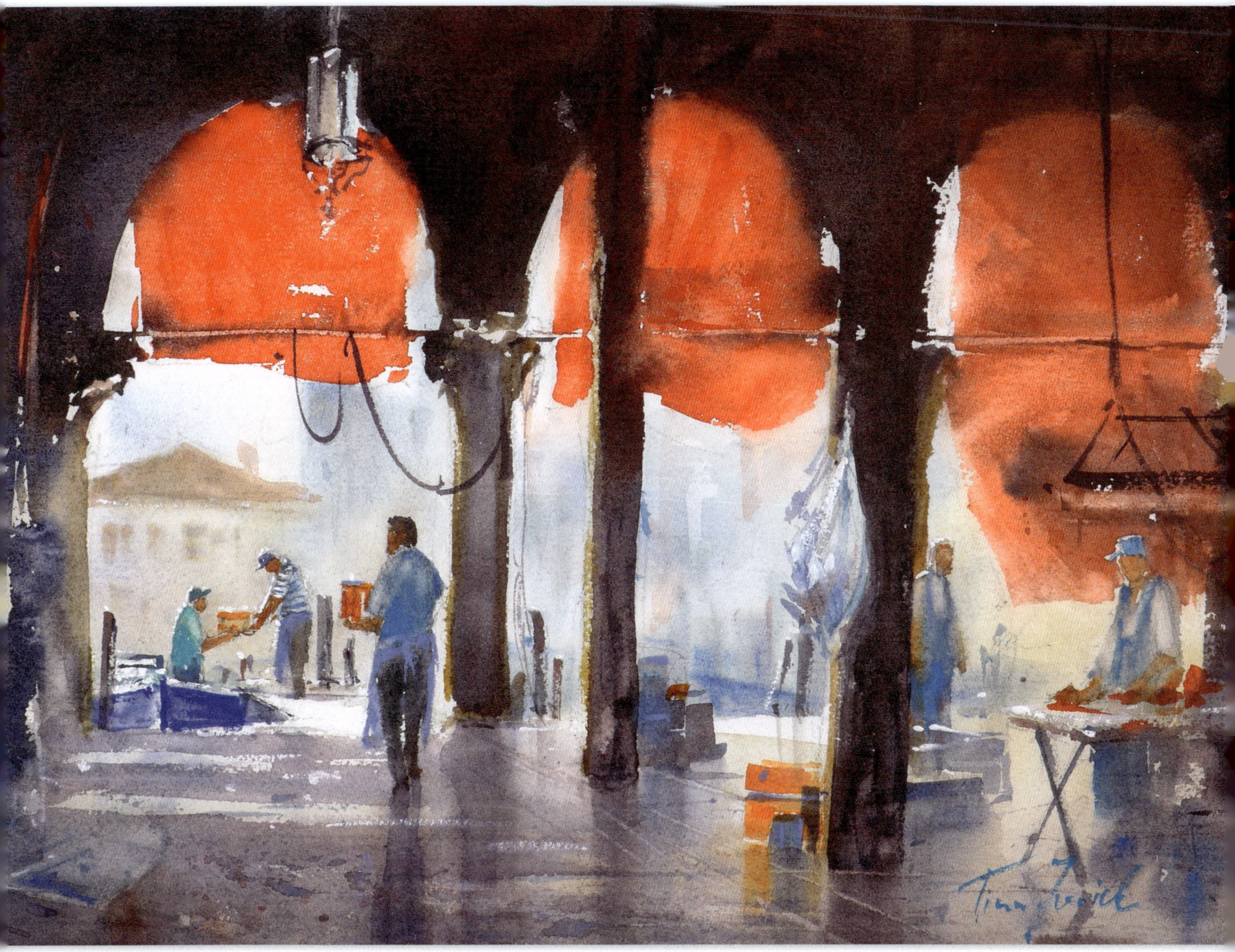

Fertiges Bild

Die bunteste Kleidung sollten die Figuren im Fokuspunkt tragen, also die Arbeiter, die den Fisch am Kai einladen. Ob dies nun Kobalttürkis oder Lasurorange ist, wählst du aus. In Kisten und Eimern kann man die Farben gut wiederholen. Deshalb sollte man die Details auch nie zu früh ins Bild malen und sich die Dekoration für zuletzt aufsparen. Eine Lampe oben an der Decke und eine hinten rechts lockern die großen, dunklen Formen auf. Zeichne mit dem Schlepper Seile, einen Tisch mit blutigem, kadmiumrotem Fisch darauf und setze mit Deckweiß ein paar Highlights auf die Figuren in der Sonne. Mische dann eine hellere Farbe aus Französisch Ultramarin und Kadmiumrot und lege diese zügig in den Vordergrund. Ziehe sogleich eine Spiegelung der jeweiligen Objekte in die noch feuchte Farbe des Vordergrundes. Farblich passende Farbspritzer vorn einfügen, und dein Bild ist fertig.

Tafza im Ourika-Tal

Du brauchst:

Aquarellpapier
Arches Feinkorn, 300 g/m²

Aquarellfarben in
- Französisch Ultramarin,
- Quinacridongold,
- Alizarin-Karmesin

Malspachtel

Pinsel s. S. 9

Unser Gehirn braucht relativ wenige Informationen, um eine Form korrekt zu lesen, aber es müssen eben die richtigen Informationen sein. Auch wenn die Personen sehr klein und weit weg sind, müssen die Proportionen dementsprechend richtig wiedergegeben werden. Für die Köpfe reicht hier ein kleiner Farbklecks. Je detaillierter man versucht, die kleinen Figuren zu malen, desto steifer wird das Ergebnis in den meisten Fällen. Übergenau wirkt leider schnell langweilig.

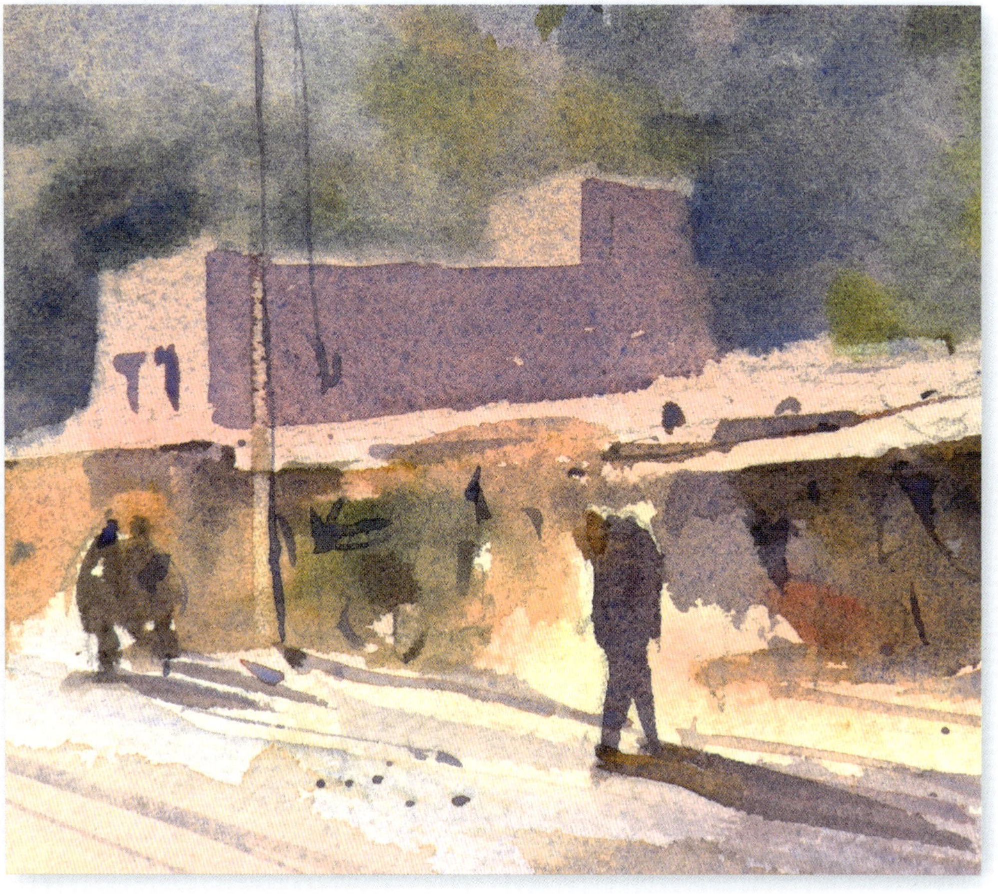

Ausschnitt 1
Auch wenn die Formen der kleinen Figuren hier nicht ganz klar sind, bieten sie dem Betrachter genug Details, um sie als Menschen zu lesen. Der Wirrwarr an Gemüseständen im Hintergrund wird ebenfalls nur mit Farbflecken angedeutet. So darf sich der Betrachter seine eigenen Geschäfte vorstellen.

Ausschnitt 2

Mehrere Figuren im Gegenlicht kann man gut zu einer einzigen Silhouette zusammenfügen. Zähle hier bitte nicht die Beine, sie stimmen nicht mit der Anzahl der Köpfe überein. Die Form sagt klar, dass hier eine Menschengruppe mit der Schattenfläche verschmilzt. Diese Gesamtform ist gut lesbar, auch wenn vielleicht einige Gliedmaßen nicht sichtbar sind.

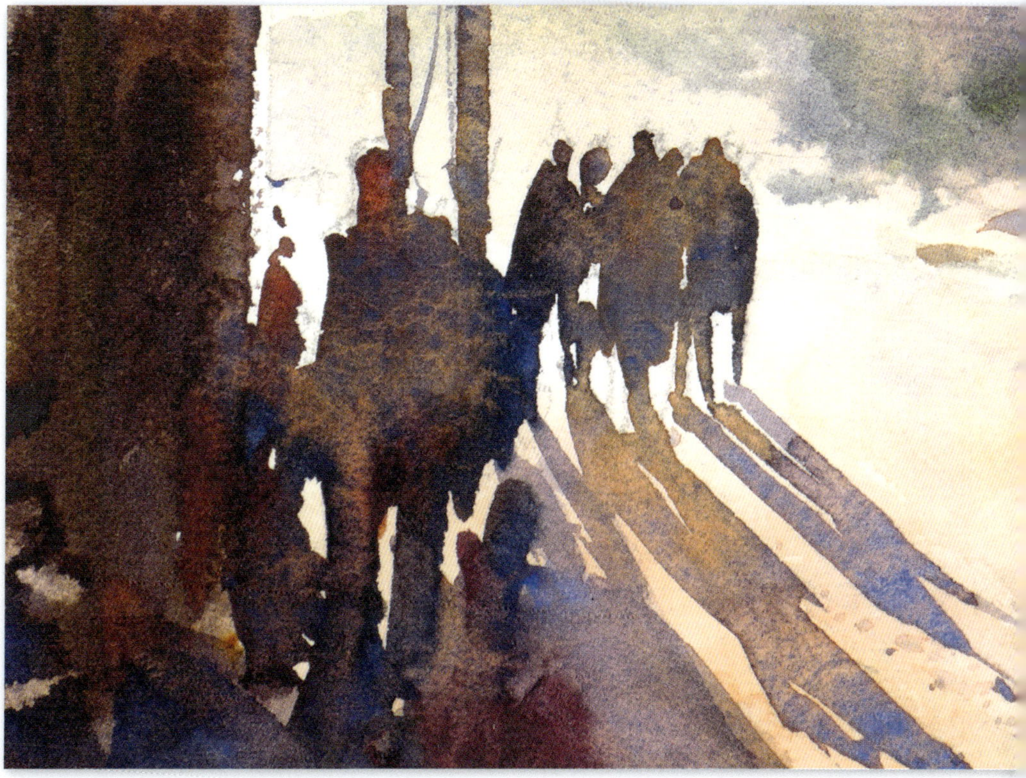

Vorgehensweise

Den Himmel mit Französisch Ultramarin und Alizarin-Karmesin auf feuchtem Papier beginnen, oben dunkler, unten heller. Die Farbe geht in Quinacridongold und Alizarin-Karmesin über, und rechts unten wiederholt sich die Lila-Mischung des Himmels. Mit zartem Grün aus Französisch Ultramarin und Quinacridongold wird der Berg im Hintergrund links angedeutet. Dieser wird nach rechts hin dunkler und spart das Haus in der Mitte und die Dächer der Obststände aus. Der größere Baum rechts besteht ebenfalls aus einer variierten Mischung von Blau und Gelb mit eingekratzten Stämmen. Der Schatten links entsteht mit einer Mischung aus Französisch Ultramarin und Alizarin-Karmesin. Dieser zieht sich von links oben die Hauswand hinunter, ins überstehende Dach, ins Schild sowie in die Personengruppe hinein. Die Stützbalken werden mit dem Malspachtel in die feuchte Farbe gekratzt. Die Schattenfarbe wird heller unter den Stand und auf die rechte Seite des mittleren Hauses gelegt. Zum Schluss wird die Stromleitung eingezogen.

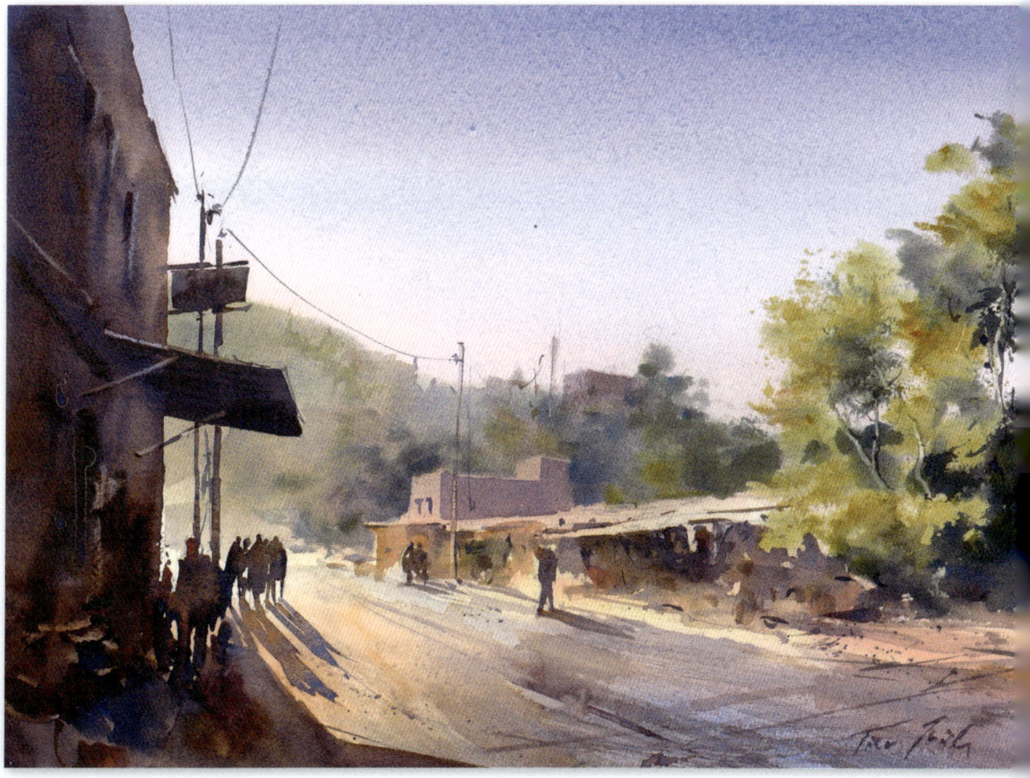

La Crêperie

Du brauchst:

Aquarellpapier
Arches Feinkorn, 300 g/m²

Aquarellfarben in
- Französisch Ultramarin,
- Kadmiumrot,
- Lasurorange,
- Kadmiumgelb,
- Siena gebrannt,
- Coelinblau

Pinsel s. S. 9

Ein sonniger Tag in einer Kleinstadt in Frankreich. Die Franzosen lassen so ziemlich kein Mittagessen aus. Cafés und Restaurants sind alle gut besucht. Ideal, um Menschen zu studieren. Sicherlich sind die UWOs eine große Hilfe, aber es schadet auch nichts, mit dem Skizzenbuch unterwegs zu sein und mit realen Menschen zu üben. Zeichnen vor der Realität übt die Wahrnehmung und macht deine Formen lockerer und fließender. Gewöhne dir an, immer ein kleines Skizzenbuch und einen Bleistift in der Tasche zu haben: hier eine interessante Silhouette, dort eine tolle Körperhaltung, vielleicht genau geeignet für dein nächstes Bild. Zu Beginn ist es sicherlich entspannter, mit Fotos wie diesem hier zu üben als direkt vor Ort. Die Leute bewegen sich nicht, und niemand kann einem über die Schulter sehen.

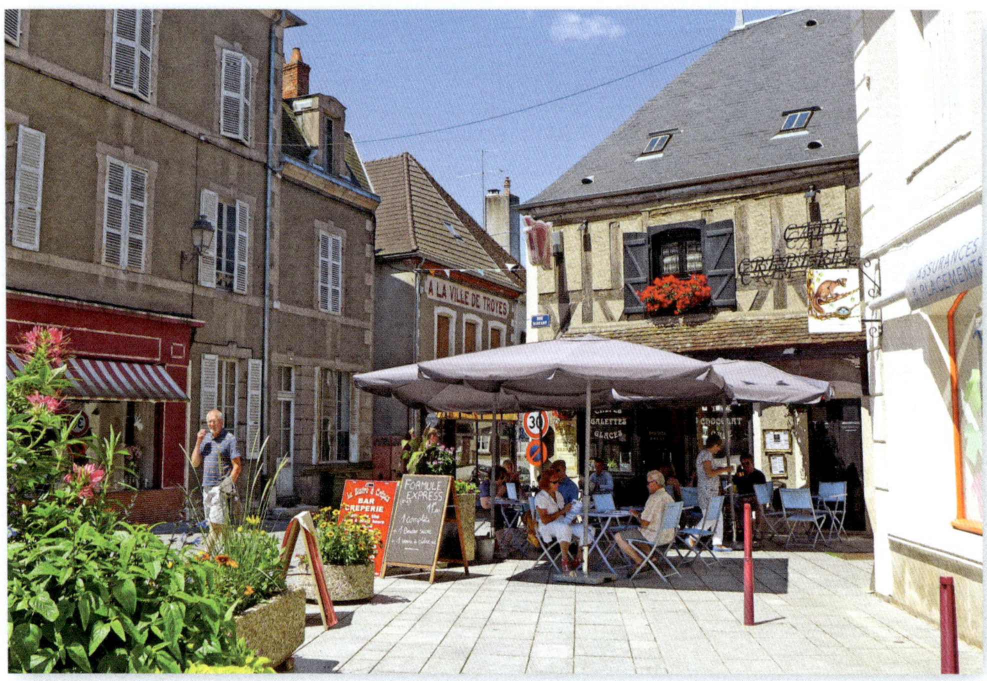

Tipp: Wenn du in einer Szene mehrere Tische und Stühle oder viele Gäste an einem Tisch hast, male nicht jedes einzelne Bein. Eine gute Andeutung genügt, das wirkt lockerer und malerischer. Das Auge des Betrachters ergänzt den Rest.

Motiv-Vorlage
Es braucht Erfahrung und Zeit, um zu lernen, was man in eine Komposition übernehmen sollte und was man besser weglässt. Leider vergibt das Aquarell nur wenige Fehler und verlangt nach einem frischen, selbstbewussten Pinselstrich. Erscheint dir ein Motiv zu schwierig, picke dir einzelne, kleinere Szenen heraus und versuche zunächst, diese umzusetzen.

Tonwertskizze

Nun folgen der Denkprozess der Komposition und die Vorarbeit für das Aquarell. Scheue dich nicht, Personen zu überlappen, das verstärkt die Tiefenwirkung. Drehe die Figur links um und lasse sie ins Bild laufen. Die Blumen auf der linken Seite brechen die Vordergrundfläche auf und bilden ein Gegengewicht zu den Details rechts. Achte auf den Abstand der Personen zur Unterkante des Crêperie-Gebäudes. Dieses Hauskante liegt etwas höher als der letzte Stuhl davor. Wer ist hell und wer ist dunkel gekleidet?

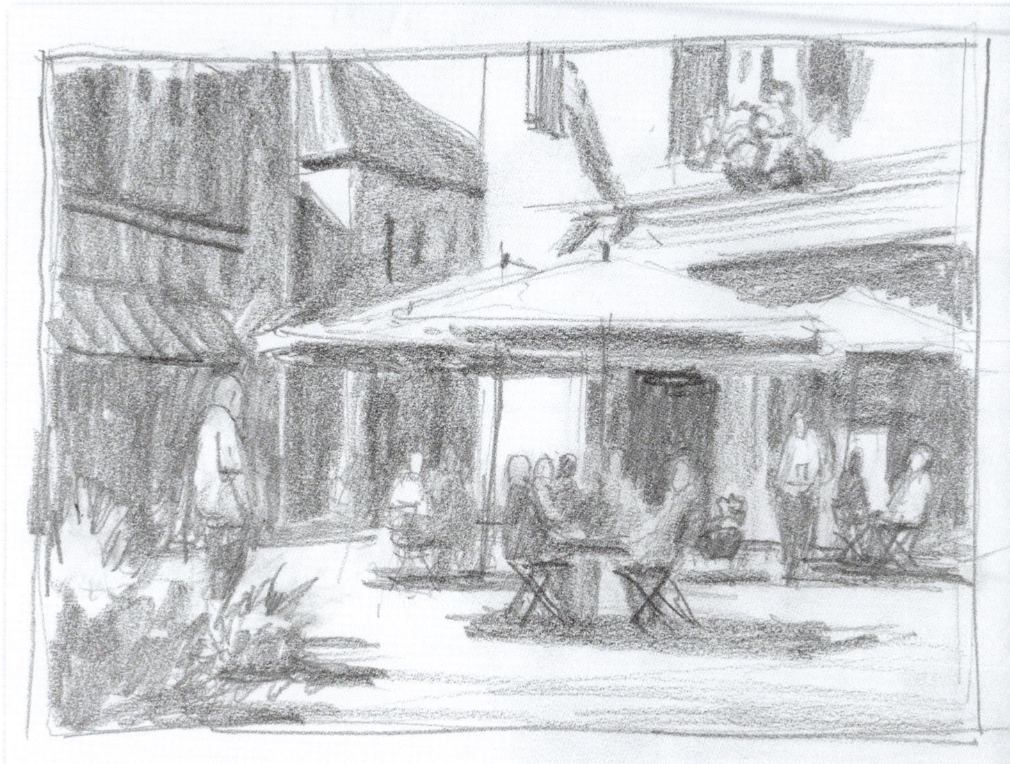

1. Schritt

Beginne mit der linken Hauswand mit Siena gebrannt und spare die Fensterrahmen und die Sonnenschirme dabei aus. Mit der gleichen Farbe das Dach der Crêperie, den Vordergrund und das Fachwerk malen. Die gestreifte Markise, den Eingang und die Büsche rechts anlegen. Das Schild sowie die Blumen am Fenster der Crêperie in Kadmiumrot malen. Die hell gekleideten Personen mit einem zarten Klecks Farbe versehen. Achte darauf, dass diese dort sitzen, wo später die Dunkelheit im Hintergrund dazukommt.

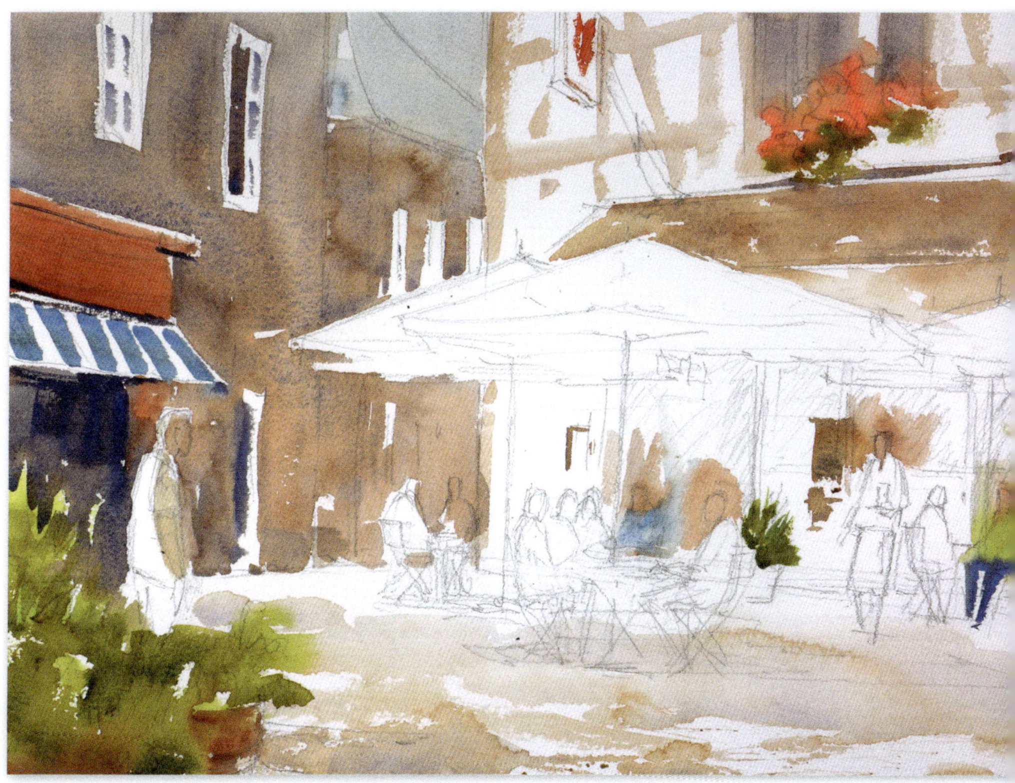

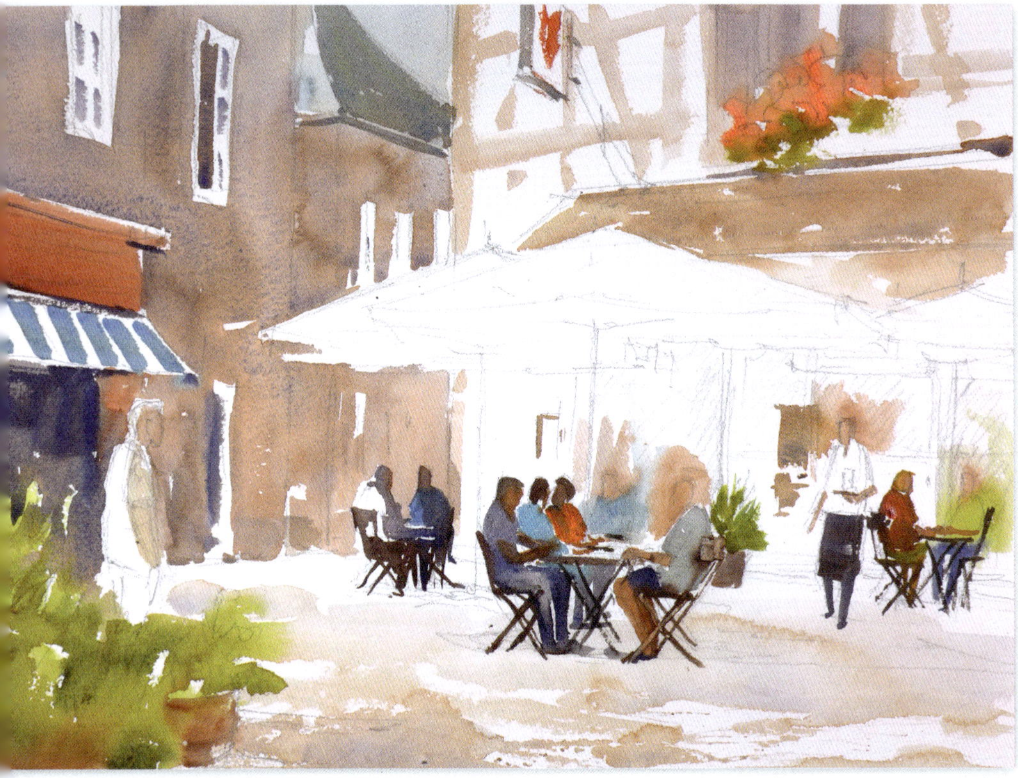

2. Schritt

Bei der Farbwahl für die Kleidung darfst du es bunt treiben. Farbharmonisch wird es, wenn du die Farben des übrigen Bildes in der Kleidung der Figuren wiederholst. Du darfst aber auch eine ganz andere Farbe nehmen, die besonders gut den Fokuspunkt des vorderen Tisches rechts herausbringt. Arme und Beine der Figuren am besten mit Siena gebrannt malen oder eine lange Hose anziehen. Ein paar Stuhl- und Tischbeine andeuten.

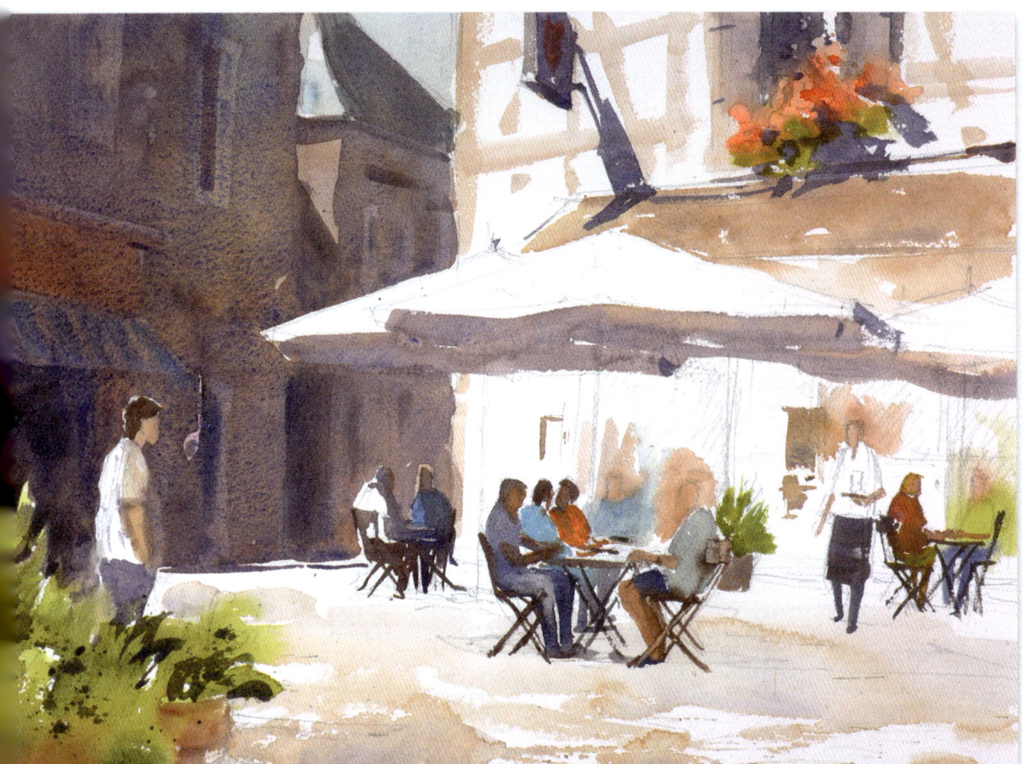

3. Schritt

Jetzt geht es an die große Schattenfläche der linken Häuser. Bereite dafür auf deiner Palette ausreichend Französisch Ultramarin und etwas Siena gebrannt vor. Nimm mit einem großen Pinsel Farbe auf und ziehe den Schatten mutig über die große Fassade links. Spare dabei die Personen sowie die kleine Hausecke und das kleine Dach aus. Den Schatten gleich unter die Schirme ziehen und teilweise über die Figuren, die unter dem hinteren Schirm sitzen. Den Schatten für Schild und Blumen am Fenster nicht vergessen.

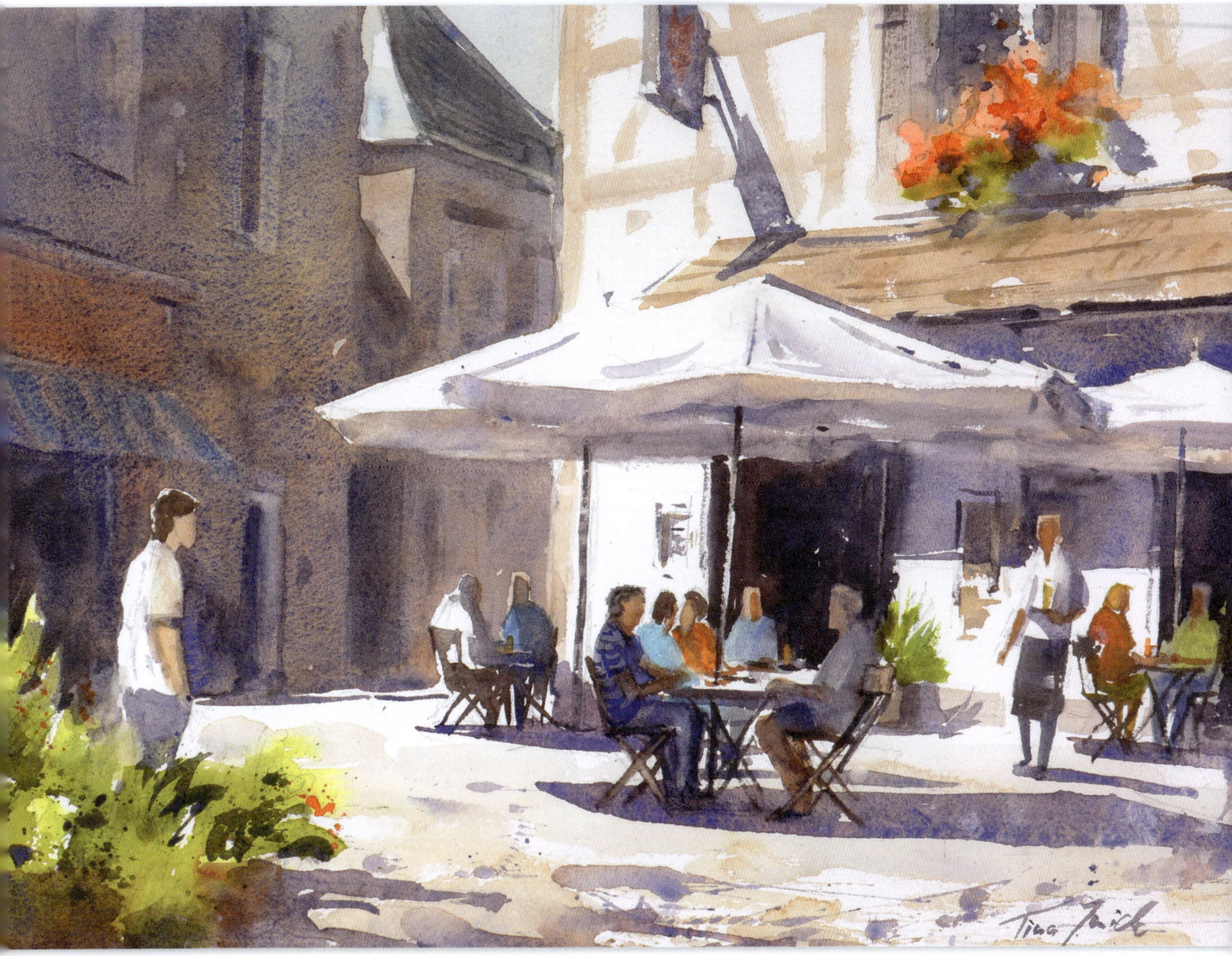

Fertiges Bild

Während du nun die dunklen Eingänge der Crêperie mit Französisch Ultramarin, Kadmiumrot und Siena gebrannt malst, musst du die hell gekleideten Personen negativ stehen lassen. Die Dunkelheit endet an der Hauskante. Male mit der Schattenfarbe der Fassade auch den Schatten unter das Vordach der Crêperie und um die Schirme herum. Halte die Schatten unter den Schirmen und Tischen flach und ziehe sie nach rechts hin länger, da die Sonne von links einfällt. Die Form der Büsche im Vordergrund mit Blättern und Blüten auflockern und ebenfalls einen Schatten einziehen. Vielleicht hier und da noch ein Glas auf den Tisch stellen oder eine Menükarte an die Wand hängen. Zusätzlich könnte auch ein Hund oder eine Katze ins Bild laufen.

Danksagung

Ein großer Dank geht an dieser Stelle an meinen Lehrer Tony van Hasselt, dem ich dieses Buch widmen möchte. Leider kann ich es ihm jetzt nicht mehr zeigen, da er Anfang 2022 verstorben ist. Er war eine konstante Quelle der Inspiration und hat uns Schüler immer darin bestärkt, etwas zu riskieren. Dies versuche ich nun als Dozentin an meine Schüler weiterzugeben.

Tipp: Solltest du ein Haar in der feuchten Farbe finden, versuche, dieses auf keinen Fall mit den Fingernägeln oder etwas Spitzem herauszufischen. Das Papier ist sehr empfindlich, wenn es feucht ist, und das hinterlässt Spuren. Einfach trocknen lassen, und es lässt sich ohne Schaden abnehmen.

Tipp: Wenn du zu zögern beginnst und nicht sicher bist, ob und wo du weitermalen sollst, ist dein Bild in der Regel fertig.

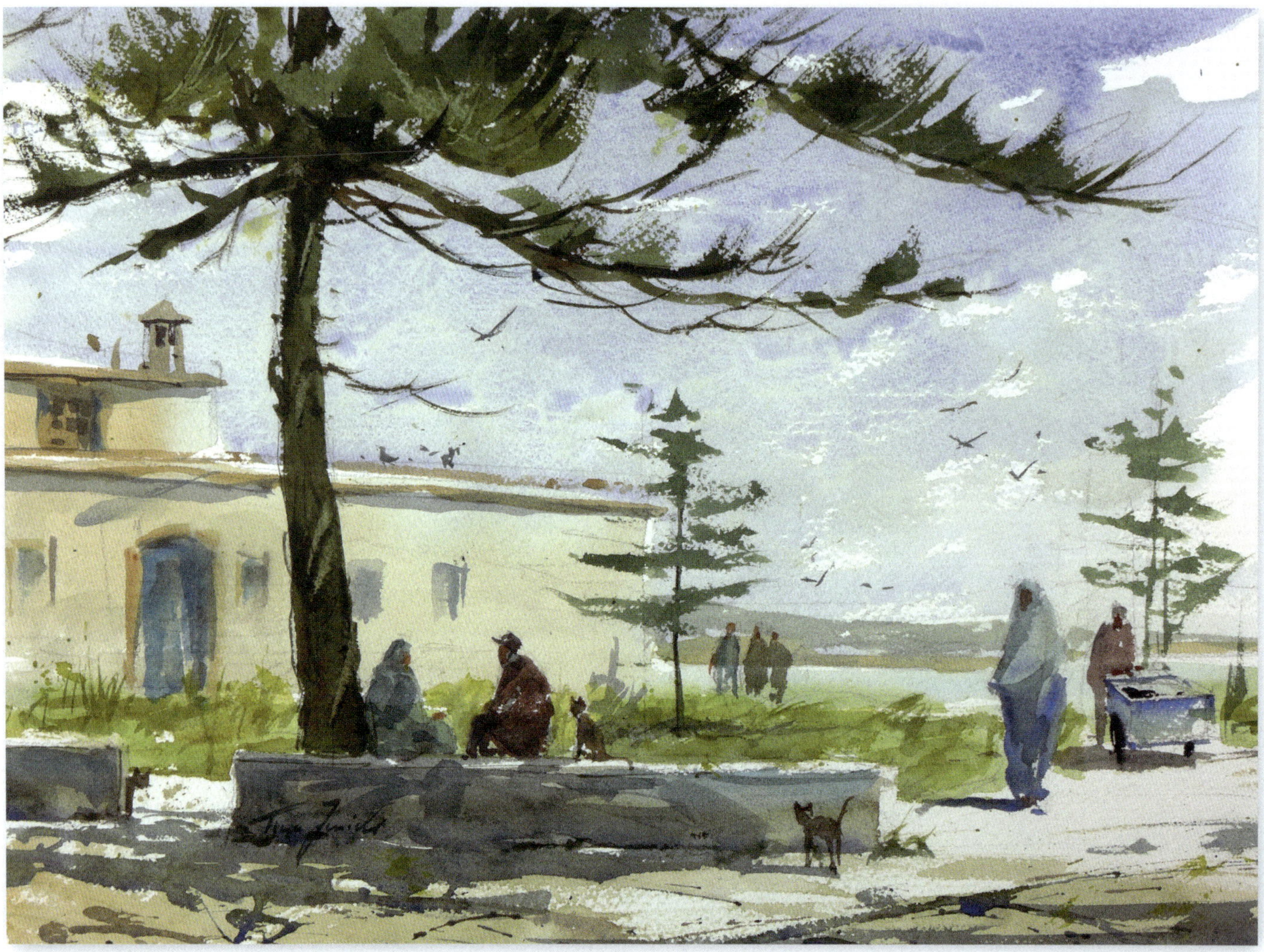

Nachwort

Die UWOs machen auch ganz alleine auf einem Stück Papier eine Menge Spaß, ohne dass ein ganzes Bild um sie herum gestaltet wird. Hat man lange keinen Pinsel mehr in der Hand gehabt, sind die kleinen Kerle eine prima Sache, um wieder ein Gefühl für die Farbe und das Wasser zu bekommen, bevor es an ein komplettes Aquarell geht. Wenn du jeden Tag ein paar von ihnen skizzierst, werden deine kleinen Figuren ganz schnell sehr lebendig wirken. Sie bekommen ihren einzigartigen Charakter, den nur du ihnen geben kannst. Die UWOs sind nicht an das Aquarell gebunden und können in jeder beliebigen Technik umgesetzt werden. Bunte und schräge Typen sind oft die Interessantesten, also nur Mut, nimm sie an die Hand und führe sie in deine Bilder hinein. Übrigens: Auf meiner Schürze steht: „Gute Malerei muss man mit den Augen essen können“ (Hermann Nitsch).

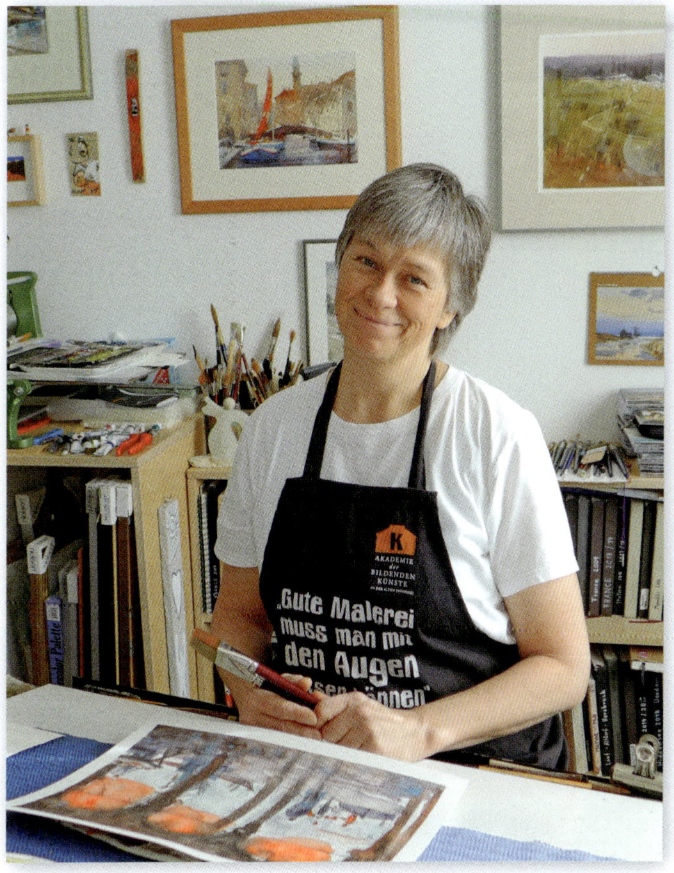

Kunst ist eine Lüge, die uns das Begreifen der Wahrheit lehrt.

Picasso

Impressum

Illustrationen & Fotos: Kristina Jurick
Verantwortlich: Maria Möllenkamp
Lektorat & Projektmanagement: ZweiKonzept GbR
Umschlaggestaltung: Regina Degenkolbe
Satz: Elke Mader
Repro: LUDWIG:media
Herstellung: Julia Hegele
Printed in Poland by CGS Printing

★★★★★

Sind Sie mit diesem Titel zufrieden? Dann würden wir uns über Ihre Weiterempfehlung freuen. Erzählen Sie es im Freundeskreis, berichten Sie Ihrem Buchhändler oder bewerten Sie bei Onlinekauf. Und wenn Sie Kritik, Korrekturen, Aktualisierungen haben, freuen wir uns über Ihre Nachricht an:
Christian Verlag, Postfach 40 02 09, D-80702 München
oder per E-Mail an lektorat@verlagshaus.de.

Unser komplettes Programm finden Sie unter

www.christophorus-verlag.de

In diesem Buch wird aus Gründen der besseren Lesbarkeit das generische Maskulinum verwendet. Weibliche und anderweitige Geschlechteridentitäten werden dabei ausdrücklich mitgemeint, soweit es für die Aussage erforderlich ist.

Die Deutsche Nationalbibliothek verzeichnet diese Publikation in der Deutschen Nationalbibliografie; detaillierte bibliografische Daten sind im Internet über http://dnb.d-nb.de abrufbar.

ISBN 978-3-86230-461-5

Besuchen Sie uns im Internet: www.christophorus-verlag.de & www.selbstgemacht.de

Was wäre das Leben, hätten wir nicht den Mut, etwas zu riskieren.

Vincent van Gogh

Ebenfalls erhältlich ...

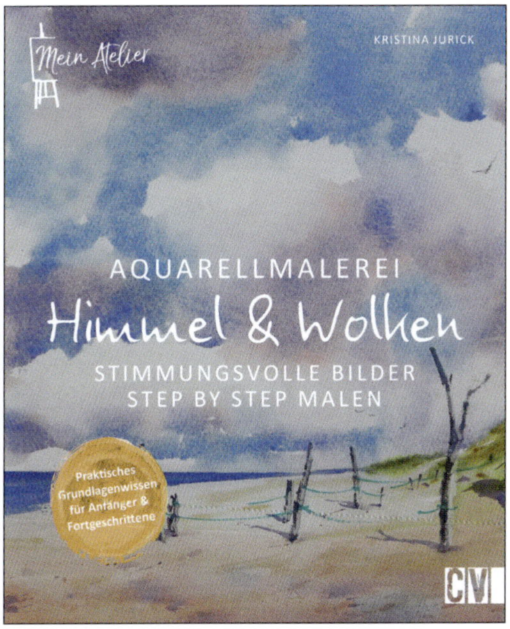

ISBN 978-3-86230-428-8

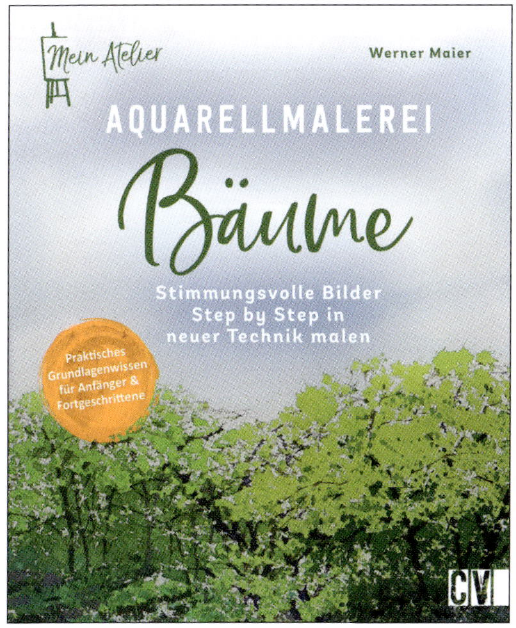

ISBN 978-3-86230-452-3

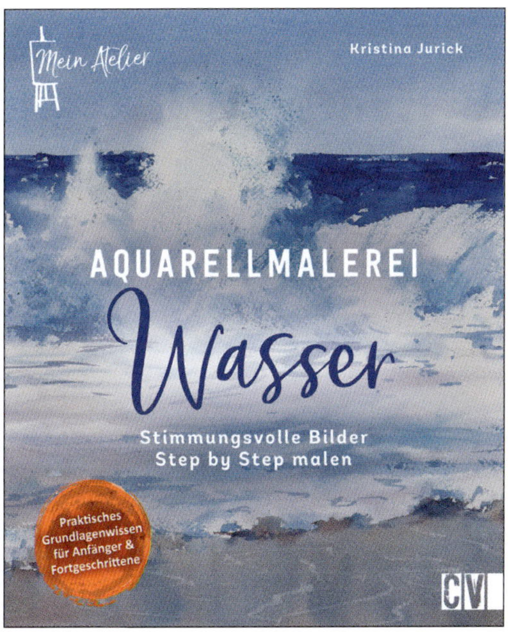

ISBN 978-3-86230-441-7

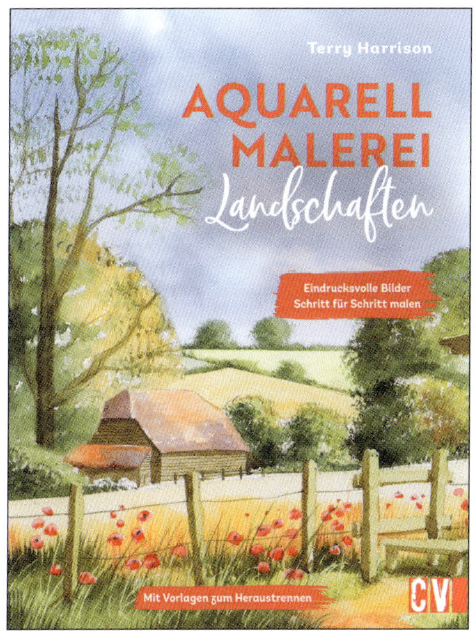

ISBN 978-3-86230-454-7

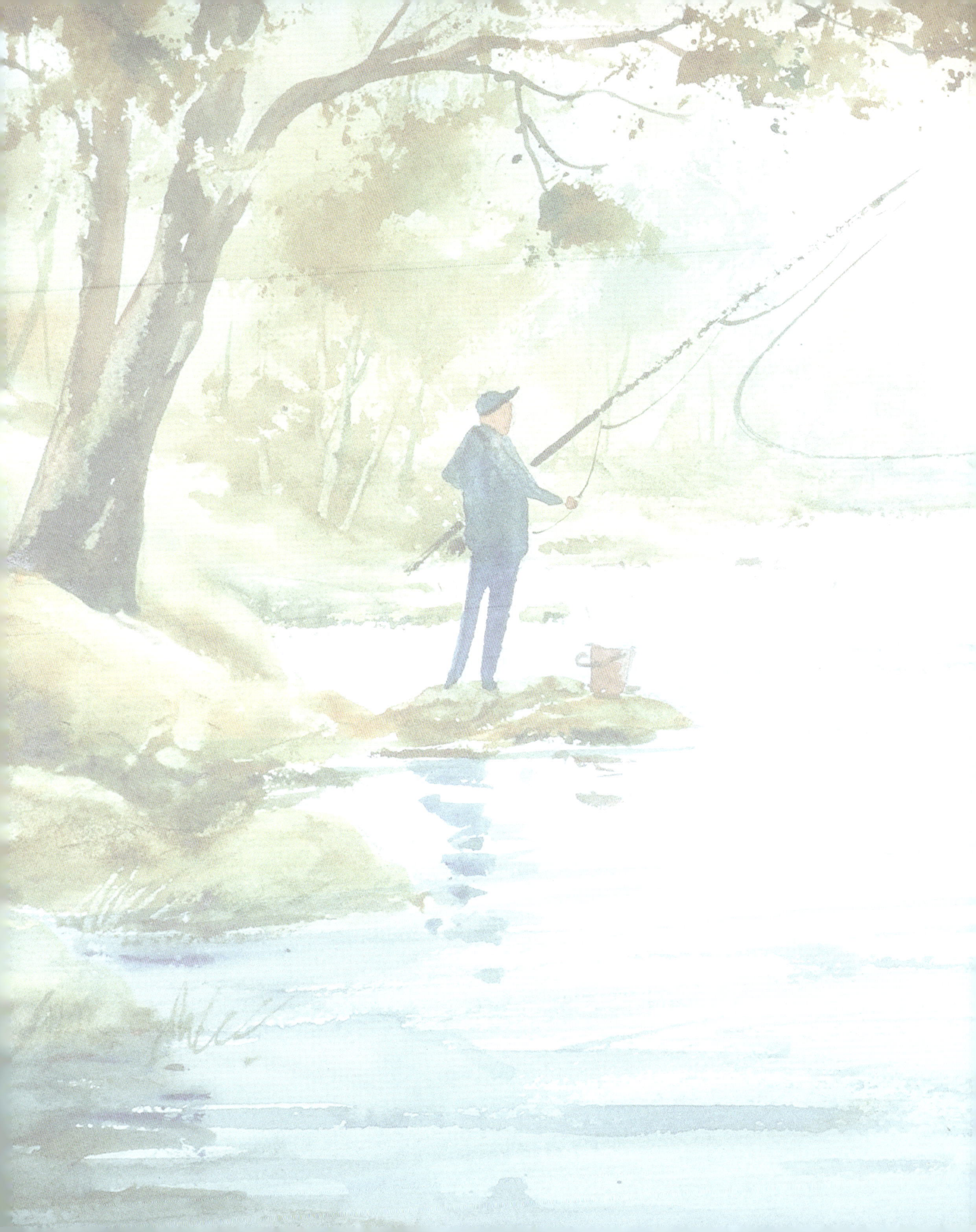